让法律被信仰

民商法
经典文库

总主编 赵万一

经典译著系列

法国家庭法精要

（第17版）

[法]科琳·雷诺–布拉尹思吉 著
Corinne Renault-Brahinsky
石雷 译

L’essentiel du Droit de la famille

(17e édition)

法律出版社 LAW PRESS·CHINA

L'essentiel du Droit de la Famille-17 édition
By Corinne Renault-Brahinsky

著作权合同登记号
图字：01-2019-2955

“民商法经典文库”编辑委员会

总主编简介

赵万一

西南政法大学民商法学院教授、博士研究生导师，《现代法学》主编。曾任西南政法大学民商法学院院长。兼任中国商法学研究会副会长、中国民法学研究会学术委员会副主任。先后被西北政法大学、福州大学、西南大学、福建师范大学、山东经济学院等多所大学聘为兼职教授；上海大学、福建师范大学兼职博士研究生导师；英国《法律与管理国际杂志》（*ML-The International Journal of Law and Management*）编委。

曾出版《民法的伦理分析》《民法概要》《商法基本问题研究》《证券法的理论与实务》《竞争保护法律制度研究》等个人专著多部，主编《商法学》《证券法学》等教材数十部。先后在《中国社会科学》《中国法学》《法学研究》《人民日报》《光明日报》等报刊发表论文150余篇，有数十篇文章分别被《新华文摘》、《中国社会科学文摘》、中国人民大学书报资料中心《复印报刊资料》转载。其《民法的伦理分析》一书曾分别于2005年和2017年在我国台湾地区五南图书出版股份有限公司和日本经济法律出版社出版，多篇论文在日本、韩国等国发表。

著者简介

科琳・雷诺-布拉尹思吉

法国里昂三大法学博士，研究方向为家庭法。1998年曾在艾弗斯律师协会担任律师。先后出版系列书籍，涉及刑事诉讼法、家庭法、债法、人法、继承法等学科。在学术期刊发表多篇论文。

译者简介

石　雷

西南政法大学民商法学院讲师，法学博士。英国牛津大学访问学者、加拿大英属哥伦比亚大学访问学者，重庆市2019年来华留学全英文授课品牌课程建设项目负责人。

主要研究方向为婚姻家庭法、弱势群体权益保护。在《社会科学辑刊》、《甘肃社会科学》、《月旦医事法报告》、*International Journal of Law*、*Policy and the Family*、*International Survey of Family Law*等国内外核心期刊发表论文多篇；出版专著《英国现代离婚制度研究》、译著《家庭法和私生活》；主持完成省部级课题2项，参研国家社科基金项目1项、省部级项目2项。

联系方式：shilei8311@hotmail.com

总序:民商法学研究的时代使命

时至今日,虽然理论界对民商法在中国社会主义法律体系中的角色定位并未形成完全一致的看法,但对其在促进社会权利意识的觉醒、创造力的激发乃至社会经济的振导方面所发挥的巨大作用则几乎没有任何人能够予以否认。一方面缘于其调整内容的广博性、调整方式的人本性、调整范围的全覆盖性和规制目的的正义性;另一方面则得益于其所承载的使命的厚重性和立法理念的先进性与进步性。通过研读世界主要国家的法律发展史我们不难发现,具有时代引领意义的重要民商法律制度的制定通常是伴随一个国家社会制度的重构、社会政策的改变和社会观念的变革应运而生的。因此,民商法律制度的设计通常并不仅仅表现为单纯的制度进化和规则演变,而更多地反映了社会经济政治制度环境的优化和社会意识的嬗变,我国也不例外。发轫于 20 世纪 70 年代末的经济体制改革,不但将现代中国社会深深打上了法治的烙印,而且极大地激发了法律对社会关系特别是社会经济关系的调整冲动,从而将上层建筑对经济基础的促进作用发挥到极致。时至今日,伴随计划经济向商品经济和市场经济的成功转型而不断拓展其作用深度和广度的民商事立法,无论是对中国民众国民性格的塑造、行为模式的固化,还是对整个社会经济运行驱动力的重新构造,都产生了越来越显著的影响。以平等和自治为核心的民商法律制度不但成为国家调整社会关系特别是社会经济关系的最重要法律手段,而且成为社会主体行为选择的首要凭依因素;以公平和效益为主旨的民商法律思维已经深深嵌入人们的思维逻辑链条中,成为人们臧否立法和司法活动的主要标尺;以良善、诚信、忠实为先导的民法文化不但发挥着启佑民智之功效,而且已逐步内化为一种社会习惯和社会生活方式。但我们也不得不清醒地看到,在民商法极度繁荣的背后,实际上仍隐藏着深刻的价值认同危机。其主要表现是:在民商事立法过程中"泛政治化"倾向明显,公法权力侵犯私法领域的现象严重;私法依附于公法,私权受制于公权的状况仍未得到根本扭转,民商法的“婢女”地位并未得到彻底改变;作为民商法制度根基的平等原则并未得到有效贯彻,以政治上的先进性取代经济上的先进性,并进而在主体立法上采取差别性待遇的做法还比较普遍。在民商事司法领域中,由于未对价值取向各异的不同审判类型进行必要的审判理念区分,从而导致审判活动既无法满足以自然人为代表的普通民事主体对公平理念的强烈渴求,也无法有效实现以公司为代表的商事主体追求效益的行为动机。在法律意识层面上,民商法的私法属性和权利法属性并未获得普遍的社会认同,民商法所体现的一些基本法律价值和法律精神也没有随着民商事立法的繁荣而获得广泛的尊重和支持。造成这种广大民众对民商法的价值认同感不高的原因是多方面的,既缘于民商法的野蛮性增长完全受益于改革开放的机缘而缺乏必要的理论准备和必要的法治理念的积淀,更基于强烈的经济发展驱动而导致的对法律功能的误读和法律资源的配置错误。由于民商法是直接介入市场经济和商品经济形态塑造和规则设计的法律制度,因此无论在立法上还是在司法实践中,人们都有意或无意地将所有的民商事法律制度的作用都定位为促进市场经济的发展,从而严重背离和淡化了作为民商法精神内核的人本主义思想和人文主义理念。不仅如此，民商法的非理性繁荣还助长和神化了法律对社会关系的调整作用，包罗万象的法律规则试图将调整的触角延伸到公民生活的每一个领域。实际上，法律更多地是作为约束人类非理性行为的必要羁绊而存在的，任何类型的强制行为都不可避免地会对社会主体的行为及与此相连接的社会关系起到一定的限制作用。特别是当我们对法律的作用作偏狭理解的时候，法律的这种限制作用往往成为政府干预私人生活的重要工具。

从经济基础对上层建筑的作用结果来看，肇端于 20 世纪 70 年代末的经济体制改革和对外开放不但极大解放了长期受到压抑的生产力，而且充分激活了潜藏在人类内心深处追求财富的欲望，使人们从普遍的羞于言利转变成不择手段的财富攫取。中国社会第一次感受到法律对社会生活的强大影响力和导引力。正是基于法律对社会经济关系的强力介入，不但彻底改变了利益的获取和分配方式，任何主体的正当经济利益诉求都必须通过法律加以固化、疏导和界定，而且极大地促进了社会财富的增加，使中国在很短的时间内从一个贫穷落后的国家跃居为世界第二大经济体。正是基于对法律作用的高度重视，我国在短短的 30 多年时间里建立起了比较完备的社会主义市场经济法律体系,从而为全面实现依法治国奠定了必要的法律硬件基础。但同样应当正视的现实是,虽然我国在民商法律制度设计层面上已基本上实现了与发达国家的接轨,但仍没有真正建立起符合中国需要的法治理念和法律精神,更没有建构出既能引领世界发展潮流又具有中国特色的法律制度和法律体系。实际上,任何国家的法治现代化都不能通过简单的对外国法律制度的借鉴而完成,成熟的法律制度除了要借鉴外国的先进法律经验外,还必须加强对本国法治资源的挖掘和对法治适用环境的建设和改造。为此,我们不但要重视对民商法具体法律制度的吸收和构造,而且更应加强对民商法基本理念、基本作用、基本精神和基本价值的研究和认识,更准确地定位民商法在构建新时代中国特色社会主义法律体系中的地位和作用,因为只有以先进理念作支撑的法律制度才能真正有效发挥其对社会关系的精准调整作用。

大学作为现代文明的发祥地和社会知识的集散地,既是民族文化的传承者,也是现代文明特别是现代法治文明的创造者和传播者。大学之所以具有这种文明创造和传播功能,一方面在于大学所独有的人才密集优势;另一方面则依赖于大学所秉持的自由之意志、独立之精神。正是基于这种独特的人文精神特点，大学才负有为天地立心、为生民立命、为往圣继绝学、为万世开太平的历史重任。相对于其他类型的院校而言，法科院校基于其独特的创设要求和人才培养目标，在创新社会法治理念、提供法律制度有效供给、推进国家现代法治文明建设方面无疑负有特殊的义务和责任。西南政法大学作为一所以法学为主的多科性院校，创设于新中国百废待兴之时，繁荣于改革开放的历史机遇期，不但见证了中国法治建设的曲折历程，而且对中国的法治建设贡献了自己的责任和智慧。其民商法学作为传统的优势学科之一，经过几代人的不懈努力，逐步形成了以民本天下为情怀、以商达经纬为志向、以知行合一为目标、以振兴国家为责任的学术精神和专业特色。自 20 世纪 50 年代开始，学科奠基人金平教授、杨怀英教授等老一辈开宗学者秉持学术报国之宏愿，开拓奋进、殚精竭虑，历经筚路蓝缕之磨难，披荆斩棘之艰辛，初创西南政法大学民商法之学林。20 世纪 80 年代之后，沐浴改革开放之春风，西南政法大学民商法迎来第一次鼎盛时代，金平教授和杨怀英教授作为全国民商法领域中的重要领军人物，以他们的敬业精神和人格魅力，团结和凝聚了包括邓大榜、聂天贶、黄名述、李开国、柯瑞清、邓宏碧、张和光、赵勇山等 30 余位在全国具有一定影响力的中年骨干教师；以王卫国、伍载阳、张玉敏、尹田、吴卫国、赵万一等为代表的一批年轻学者开始在国内学术舞台上崭露头角。西南政法大学也自然而然地成为国内名副其实的民商法教学与研究重镇。自20世纪90年代末期以来，在李开国、张玉敏、赵万一等学术带头人的带领下，本学科全体同仁励精图治、拼搏进取、内外双修、涅槃重生，不但使学科师资规模达到创纪录的100余人，而且在职称结构、学历结构、学缘结构等方面都有了实质性改善，教学科研水平也不断上升到一个个新台阶。我们坚信，在国内外同仁的关心和支持下，经过本学科全体师生的共同努力，西南政法大学民商法学的明天一定会更加灿烂辉煌。

民商法作为一个应用性很强的实用性学科，并非产生于书斋中的理论推演，而应来源并服务于社会经济生活。本学科一直以关注民生、强调民本为己任，努力将自己的研究服务于国家的经济建设和法治建设。早在20世纪80年代，年逾花甲的杨怀英教授曾亲自带队，在当时条件十分艰苦的云南西双版纳和德宏自治州长途奔波数千里，开展了长达数月的田野调查，出版了具有填补空白性质的《滇西南边疆少数民族婚姻家庭制度与法的研究》。这个优秀传统一直传承至今，陈苇教授在主持司法部重点课题时，以“农村妇女土地权利保障”为视角，先后组织1000多名学生深入农村进行考察并形成了数十万字的调研报告。在2008年“5・12”大地震发生后不久，以本学科刘俊、谭启平、刘云生等教授为主的12位法学专家联名上书全国人大常委会，建议尽快制定重大自然灾害处置特别法令并草拟了一部近万字的《重大自然灾害处置特别法令（建议稿）》，充分体现了学者的责任与担当。

近年来，国际、国内民商法学科的迅速发展向我们提出了严峻挑战。国际上，无论是源于罗马法的大陆法系还是源于海洋经济需要而产生的英美法，都正朝着更深、更广、更前沿的方向延伸和发展，民商法学理论日益博大精深，法学流派呈现多元化趋势；民商法学研究更加注重与法律实践的契合，注重对司法领域中出现的新的法律问题的审视和研究；在全球化趋势的推动下，各国民商法学日益走向相互渗透与融合，同时又更加注重与本国国情的结合，呈现出国际化与民族化共同繁荣的趋势；法学理论方面，跨学科研究方兴未艾，交叉学科、边缘学科如雨后春笋大量涌现。在国内，随着依法治国方略的推行，民商法学研究更加深入与务实。一方面在全球化的大潮之下，如何借鉴人类精神遗产，引进外国合理的法律制度与精神，成为摆在中国民商法学面前的重大课题，这个问题解决得好坏将直接决定我国民商法学发展的成败;另一方面在国内市场经济发展过程中出现的各种法律问题也向民商法学提出了挑战,如何立足中国的法律实践,利用世界各国的先进经验,发扬我国古代优良传统风俗,应对未来经济、政治、文化的重大转折,也是中国民商法进一步发展所必须解决的重大课题。为了总结西南政法大学民商法学科在过去30多年中取得的成绩,饮水思源,时刻铭记老一辈民法学者对本学科发展所做出的突出贡献,我们曾与法律出版社联袂于2009年编辑出版了5卷本的"西政民商法学阶梯"丛书和20卷本的"西南民商学人文库"及多卷本的"民商经典译丛"。为了发挥本学科在民商法基础理论特别是民法哲学方面的研究优势,我们先后编辑出版了两辑共13本"民法哲学"丛书。为了扩大与我国台湾地区的学术交流活动,我们曾与华中科技大学出版社、台湾元照出版公司倾力打造了"华中·元照西政民商法学术文库"和"华中·元照中青年法律科学文库"。在学术平台建设方面,由上海中汇律师事务所和学院联合打造的《中国不动产法研究》获学院倾力支持,于2016年成功入选CSSCI来源集刊。

为了进一步充分发挥法学研究对法律实践的引领作用,我们决定集合校内外各种资源,推出既能综合反映西南政法大学民商法学科科研实力，又能广纳群贤、有效汇集国内外最新民商法学研究成果，并能对中国法治建设起到推动作用的大型系列丛书——“民商法经典文库”。本文库分为民法哲学系列；经典译著系列；学术研究系列；前沿争鸣系列；名家讲坛系列；教育研究系列；经典案例系列及年度十大有影响力案例系列；研究随笔系列九个系列。同时，我们也真诚邀请国内外贤儒同人不吝赐稿积极支持我们的工作。我们相信，在国内外同行专家的共同帮助下，本文库一定能够达到预期目标。

是为序。

2011 年 11 月 6 日于西南政法大学

译者序

这是一本介绍法国家庭法的小书，而且是一本与法文版近乎完全同步出版的小书。刚开始讨论翻译出版时，尚只有《法国家庭法精要》(第 16 版)。通过法律出版社陈妮老师等编辑的努力，译者于 2018 年 11 月 27 日拿到了最新的《法国家庭法精要》(第 17 版)。全书有以下两个特点：

一是重点突出。《法国民法典》中涉及家庭法律制度的条款包括第一卷中第二编身份证书、第五编结婚、第六编离婚、第七编亲子关系、第八编收养子女、第九编亲权、第十编未成年和解除亲权、第十一编成年以及受法律保护的成年人、第十二编受监护的未成年人和成年人概括财产的管理、第十三编民事连带责任契约和同居，第三卷中第二编涉及通过夫妻财产契约赠与的内容，以及第五编夫妻财产制和夫妻财产契约。这么多的内容要放在仅有 120 页不到的小书中，几乎是不可能完成的任务。因此，本书将写作的重点放在了伴侣关系和父母子女关系部分。其中伴侣关系共 10 章，主要介绍了法国法中涉及不同家庭形式的法律规范，包括各自的成立条件、法律后果、如何解除、解除的法律后果等；父母子女关系共 5 章，主要介绍了法国法如何确认和如何否认双方当事人的亲子关系、与亲子关系相关的诉讼、收养制度等问题。对于这两部分重点内容，这本小书不但介绍了《法国民法典》的内容，同时还介绍了其他法典中涉及这两部分内容的法律制度。整体上层次清楚、脉络清晰，包含了法国当下家庭法的最新内容，比如 2017 年法国新增加的登记离婚制度。

二是短小精悍。原著不到 120 页。我有幸读了原著第 16 版和第 17 版两个版本的内容，发现作者在力求简洁上狠下了一番功夫。由于第 17 版中新增了部分内容，为了保证全书不超过 120 页，作者不得不删减了第 16 版中的小部分内容。在翻译过程中，我将这部分内容放在了注释中，方便有兴趣的读者进一步查阅。受篇幅限制，作者在每一章的法律制度介绍中，力求用最简洁的文字对该制度的重点部分予以介绍，包括相关制度在司法实践中的适用情况。这有助于中国读者在最短的时间内把握法国家庭法的基本框架和内容。同时,这也有助于我国家庭法学界深化对法国家庭法理论的学习,比如法国法上的夫妻赠与、补偿金(prestation compensatoire)制度和补助金(les subsides)制度二者之间有何区别,身份占有关系理论等。对于作者没有介绍法国法上的部分基本概念,我也尽可能查阅相关资料增加补充注释,希望能够扫除读者在阅读中的障碍。

全书以简洁朴实的写作风格快速高效地介绍了法国家庭法的基本内容,让人一打开就想一口气读完。我也将就此打住,让读者自己体会这本精彩的小书。希望本书能为我国婚姻家庭法学界对法国家庭法的关注和研究打开一扇窗,为我国未来的家庭法的发展贡献一点绵薄之力,也为有兴趣了解法国家庭法的司法实务界人士和法学院的学生们提供一点参考资料。

石　雷

重庆宝圣湖畔

二〇一九年元月

简　介

本书清晰地介绍了我们理解法国家庭法的必要知识。全书分为两大部分：

一是夫妻关系：关于同居关系（概念及其法律后果），民事结合（成立条件、法律后果、解除）和婚姻关系（成立条件、人身效力、财产效力、离婚）相关制度的最新发展。

二是父母子女关系：亲子关系法中适用的一般原则是什么？亲子关系如何建立、证明？在亲子关系方面可以提起哪些诉讼？本书同时还介绍了亲子法在人工辅助生殖技术和收养方面的具体发展。

本书主要用于本科和硕士研究生,以及准备参加司法职业考试的备考者。本书包含了法律、法规及法理学上的最新进展。

目　录

第一编 伴侣关系

第二编 父母子女关系

概述——家庭的概念

《法国民法典》没有对“家庭”的概念进行界定。这符合家庭具有多样性这一社会现实。家庭可能是一对夫妻,或者一个单身母亲带着自己的孩子,也可能是来自同一祖先的多个后代的集合。在社会学上,家庭是指为了共同生活而聚在一起的一群人。大多数情况下,这也是因为血缘关系而聚居生活的一群人。在法律上,家庭是指因为血缘关系或姻亲关系而聚居生活的一群人。也就是说,是指因为婚姻或亲子关系而聚居生活的一群人。有家庭关系,就会产生扶养义务。

一、姻亲关系和亲属关系的概念[1]

姻亲关系是因为婚姻而产生的家庭关系。婚姻使配偶一方和另一方的家庭成员相互间产生姻亲关系。姻亲关系主要包括直系姻亲(公婆、岳父母、儿媳、女婿)和旁系姻亲(姐夫、妹夫、嫂子和弟媳)。

亲属关系(la parenté)是由于亲子关系而产生的具有血缘的关系。

(一)亲子关系

在 2005 年 7 月 4 日前,法律区分了几种亲子关系:父母因婚姻关系而生活在一起,这时的亲子关系就是婚生亲子关系。父母没有结婚时,就是私生(naturelle)亲子关系。在私生亲子关系中,法律进一步区分了简单私生亲子关系、通奸私生亲子关系和乱伦私生亲子关系。在简单私生亲子关系中,母亲受孕时,父母双方都是单身;在通奸私生亲子关系中,母亲受孕时,父母

[1] 需要注意的是,法国法所谓的亲属关系(la parenté)不包括姻亲关系,这与我国文化中所称亲属关系存在差异。——译者注

中的一方或双方都与第三人有婚姻关系;在乱伦私生亲子关系中,父母相互间的亲属关系使二人有不能结婚的法律障碍。2005 年 7 月 4 日的法令认可了**亲子关系的平等**。[2] 但乱伦亲子关系仍有某些特殊的法律后果。[3] 如果亲子关系是由收养判决引发的,那么这就被称为收养亲子关系。

(二)直系亲属和旁系亲属

1. 直系亲属

直系亲属是尊亲属和卑亲属之间形成的亲属关系。

卑亲属包括:子女、孙子女、曾孙子女等;

尊亲属包括:父母、祖父母、曾祖父母等。

2. 旁系亲属

旁系亲属,是指有共同亲属的人之间形成的亲属关系,主要包括兄弟姐妹、堂(表)兄弟姐妹、伯叔姑舅姨、侄子女……

---

〔2〕 粗体为原文所加,以下同。法国立法机关为了保持《法国民法典》的完整性,会对《法国民法典》的部分条文进行修订、删减或补充规定。为区别每次修订的内容,法国的法律文献中多使用法国总统颁布法令的日期指代当日颁布的法令,以下同。——译者注

〔3〕 禁止乱伦是法国家庭法的一项基本原则,因此,对于因乱伦生育的子女而言,法国最高法院曾指出,必须要保护乱伦生育子女的隐私,该子女的父亲不能在户籍登记中登记为该子女的父亲,也不能通过收养建立亲子关系。参见 https://www. ladepeche. fr/article/2004/01/07/298101 – enfants-incestueux-cour-cassation-veut-preserver-secret-filiation. html,最后访问日期:2018 年 12 月 19 日。——译者注

如果旁系亲属只有共同的父亲(共同父亲生育的半血缘的兄弟姐妹),则他们被称为**同父异母的兄弟姐妹**(consanguins)。如果旁系亲属只有共同的母亲(共同母亲生育的半血缘的兄弟姐妹),则他们被称为**同母异父的兄弟姐妹**(utérins)。

二、姻亲关系和亲属关系的法律后果：扶养义务

扶养义务因血亲和姻亲而产生。其以家庭团结为基础。家事法官对于扶养义务案件具有管辖权。[《法国司法组织法典》(Code de l'organisation judicaire)第 L. 213 – 3 条]

(一)扶养义务的范围

1. 亲属关系或法律规定具有扶养义务的姻亲关系

配偶之间具有扶养义务。有些情况下,父母子女之间及姻亲之间也有扶养义务。

配偶之间的扶养义务源于《法国民法典》第 212 条规定的救助和扶助义务。

父母子女之间的扶养义务同样存在于直系亲属中(《法国民法典》第 205 条及其以下条文),但不能无限地向尊亲属(如

祖父母或外祖父母)请求抚养费(pension alimentaire),除非向有生活保持义务(l'obligation d'entretien)[4]的父母请求抚养失败。

姻亲之间没有扶养义务,这里指超出一方配偶和自己的公婆或岳父母这样的一等亲关系之外的姻亲关系。[5] 如果死亡配偶与生存配偶婚姻存续期间未生育子女,在**该配偶死亡**时,其婚姻关系终止,这将导致由该婚姻关系产生的姻亲关系终止并导致扶养义务终止。离婚也会导致扶养义务终止。

2. 扶养权利人的需要

《法国民法典》第208条第1款规定,"应权衡扶养权利人的需要和扶养义务人的财产,适当履行扶养义务"。扶养权利人应就自己的**需要**承担举证责任。

3. 扶养义务人的扶养能力

扶养义务人应有**经济条件**满足扶养权利人及其近亲属,包括其应承担扶养义务的请求权人的需要。为评估扶养权利人和

---

〔4〕 关于扶养义务和生活保持义务的区别参见本章后文有关扶养义务的部分。——译者注

〔5〕 需要注意的是,在法国法上,配偶和继子女之间没有扶养义务。所以,这里说,大多数情况下,姻亲关系都没有扶养义务,只在配偶和自己的公婆或岳父母这样的关系上有例外。——译者注

扶养义务人的财产能力，法官在**作出判令的当日**应亲自到现场进行评估。

如果出现了新情况，双方当事人可以据此请求**变更或减免扶养费**。法官也可以在判令中规定一项**物价指数计算条款**(clause d'indexation)。[6]（《法国民法典》第208条第2款）

(二)扶养义务的特点

扶养义务具有**人身性**。自扶养权利人死亡时，扶养义务终止。扶养义务人的继承人也无须继续承担该扶养义务。但是，扶养义务的这种被动的不可转让性也有一些例外[如为补助金(les subsides)提起的诉讼]。[7]

扶养义务**不可扣押**。

扶养义务(obilgation alimentaire)具有**互惠性**，这与生活保

---

〔6〕物价指数计算条款，是指扶养义务人可以根据物价指数的变动规则请求变更法院判令或双方达成协议并经法院确认的扶养费数额，支付扶养费的一方当事人不得擅自变动支付数额，否则将视为未完全支付扶养费。参见 https://hequet-avocat.fr/lindexation-de-la-pension-alimentaire/，最后访问日期：2018年6月29日。——译者注

〔7〕参见本书第十二章与亲子关系相关的诉讼中第三部分补助金诉讼的论述。——译者注

持义务(obligation d'entretien)不同。[8] 比如,父母对子女或子女对父母都有扶养义务。这种互惠性也认可扶养义务的限制,尤其是当扶养权利人履行对扶养义务人的义务存在重大瑕疵时,或者当父母被剥夺亲权时,或在子女 12 岁以前,司法判决裁定将子女带离家庭长达 3 年以上的。[《法国社会行动和家庭法典》(Code de l'action sociale et des familles)第 L. 132 -6 条第 2 款]

(三)扶养义务的执行

法官将在判令中明确规定扶养义务的支付方式。

扶养义务主要通过以金钱支付**扶养费**的方式得以执行,也可以通过由扶养义务人直接向扶养权利人提供食物、衣服的方

---

〔8〕 生活保持义务被规定在《法国民法典》第 203 条和第 371 -2 条,属于法国法亲权制度的一部分。这一义务建立在父母子女关系基础上,其内容不仅包括维持子女的生活,而且包括为子女提供教育,帮助其做好对未来的准备,确保子女的健康。这一义务主要针对尚未有任何经济收入的未成年子女,以及满足下列条件的成年子女,比如,为了获得某种职业资格仍在接受教育的学生,或者在完成学业后的**合理时间**内正在求职的待业青年。如果有证据证明子女已经有足够的能力维持其个人生活,则父母不再对子女有生活保持义务。生活保持义务随家庭的日常生活水平不同而不同。扶养义务被规定在《法国民法典》第 205 条和第 207 条,该义务建立在家庭关系基础上,在未成年子女有需要时,适用这一义务。对于成年人而言,这一义务意味着子女要保证父母的生活需要。因为这一义务具有互惠性,所以如果当事人对另一亲属有任何侮辱性的情形,那么这将直接减免该亲属对该当事人的扶养义务。可见,扶养义务的范围较生活保持义务的范围更大。此外,法国法上没有区分扶养和抚养,译文为了更符合中文习惯,仍然区分使用了扶养和抚养。——译者注

式等予以执行。(《法国民法典》第 210 条)

判例法中在涉及扶养义务时,适用“**不拖欠生活费**”(Aliments ne s’arréragent pas)规则。[9]

如果扶养义务人**不支付**扶养费,除普通执行程序外,法律还规定了特别程序,以免扶养权利人的生活由社会负担。

扶养义务人不支付扶养费,将为此承担民事责任(撤销亲权、撤销赠与……)甚至刑事责任(遗弃家庭成员罪)。

三、家庭法的新近改革

家庭法的新近改革见表 1。

表 1　家庭法新近改革

1966 年 7 月 11 日法令 1996 年 7 月 5 日法令 2005 年 7 月 4 日法令	收养法改革

〔9〕“不拖欠生活费”规则,是指如果扶养权利人在扶养义务人拖欠生活费时没有积极要求扶养义务人履行扶养义务,则该扶养义务消失,受益人将被推定没有被扶养的需要。但判例法中有时也会排除这一推定,因为任一方配偶都有义务对家庭负担和对子女的生活保持义务作出贡献。参见 P. Courbe et A. Gouttenoire, *Droit de la famille*, 6e éd., Sirey Université, 2013, n^{os}292 et 1423。——译者注

续表

1970年6月4日法令 1987年7月22日法令 1993年1月8日法令 2002年3月4日法令	亲权制度改革
1975年7月11日法令 2004年5月26日法令	离婚制度改革
1993年1月8日法令	建立家事法官制度 1995年和2009年进一步完善
1989年11月20日	联合国通过了《儿童权利公约》 1990年8月7日法国批准了该公约
1994年1月4日法令 2004年8月6日法令	人工辅助生殖规范
1999年6月15日法令 2006年6月23日法令	建立民事连带责任契约制度(pacs)及其改革
2000年6月30日法令	补偿金改革
2002年3月4日法令 2003年6月18日法令	家庭姓名改革
2005年7月4日法案 (2006年7月1日生效)	亲子法的彻底改革
2006年4月4日法令 2006年7月23日法令 2006年11月14日法令	结婚制度改革

续表

2007年3月5日法令	儿童保护制度改革 成年人保护制度改革
2008年6月17日法令	民事案件诉讼时效制度改革
2009年1月16日法令	批准2005年7月4日法案的法令
2009年5月12日法令	扩大家事法官的管辖权
2010年7月9日法令	反对家庭暴力
2011年3月28日法令	公证员可以帮助登记民事连带责任契约
2013年5月17日法令	允许同性伴侣登记结婚 同性伴侣结婚后可以一起收养子女
2013年7月26日法令	修订了成为受国家监护的被监护人的条件
2013年8月6日法令	许可在特定条件下,可以开展针对胚胎及胚胎干细胞的研究
2014年3月17日法令	关于消费问题,对《法国民法典》第220条和第515-4条的规定进一步予以明确
2015年2月16日法令	对于离婚后婚姻制度的清算,许可政府通过法案的形式立法
2015年10月15日法案	司法行政改革 建立家庭赋权制度(L'habilitation familiale) 简化离婚后婚姻财产制的清算方式

续表

2016年3月14日法令	可收养的儿童:遗弃代替了抛弃 变更撤销收养的方式
2016年11月18日法令	宣布民事连带责任契约关系的户籍登记官的职权 无法官的离婚 在户籍证书[10]上变更性别 名字的变更

〔10〕 法国法上规定的户籍证书只有四种形式,即出生证书、认领子女证书、结婚证书、死亡证书。参见《法国民法典》第34条。——译者注

第一编　伴侣关系

很长一段时间以来,婚姻一直都是《法国民法典》向伴侣提供的唯一合法身份状态。今后,同性伴侣也可以像异性伴侣一样,在同居、民事连带责任契约和婚姻之间做出选择。

第一章　同居关系的概念

同居是“一种事实上的结合，异性或同性的两个人像配偶一样持续稳定地共同生活”。(《法国民法典》第515－8条)

一、没有异性这一相对条件

法国法院在判例法上长期拒绝承认同性同居在法理上具有可保护的价值。(法国最高法院第三民事法庭1997年12月17日的判决)

1993年1月27日，立法者第一次决定，如果个人依靠**社会保险机制**为其生活提供有效、完全、永久的保障，则其有权据此享有相应权利。该立法文本没有在任何地方提及被保险人，以及和他共同生活之人二者之间的关系，因此，如果二人是同居伴侣，该法令仍然适用。

1999年11月15日与民事连带责任契约有关的法令认可了**同性同居**：同居可以存在于“异性或同性的两个人之间”。(《法国民法典》第515-8条)

二、存在性关系

《法国民法典》第515-8条规定，同居伴侣要“**像配偶一样……生活**”，这似乎推定了二者之间存在性关系。

传统法理(约瑟兰德，Josserand)[11]认为，只有存在肉体关系，才属于同居。但**实践中的法理**却没有这么明确界定。

---

〔11〕 路易斯·约瑟兰德(Louis Josserand，1868～1941)是法国20世纪的著名民法学家。他于1913～1935年在法国里昂大学担任教授，里昂大学法学院院长。1938年他担任法国最高法院顾问(Conseiller à la Cour de cassation)。约瑟兰德最著名的理论观点为滥用权利的观点，主要学术著作为《权利的精神和权利的相对性：权利滥用理论》(*De l'esprit des droits et de leur relativité：Théorie dite de l'abus des droits*)[2006年达落兹(Dalloz)出版社对其进行了再版]。他对债法有较深入研究，推动修改了原《法国民法典》第1384条(新《法国民法典》第1242条)关于物之所为责任(la responsabilité du fait des choses)的规定，认为，因其行为而致使他人处于危险之中，那么这些人也应为其控制或管理的物件所造成的损害承担责任。——译者注

如果不存在性关系，要判断二者的关系是否构成同居，就需要考虑**双方当事人的意愿**。在某些情况下，只要存在性关系就足以认定二人构成同居。但在另外一些情况下，例如，当两名学生共同生活时，存在性关系尚不足以认定二人构成同居。

在某些情况下，性关系是证明同居关系质量的一个因素。比如，为了区别这种同居和一般的同居，尤其在两人已分居的情形中，这一因素更重要。为单亲家庭的家长支付单身父母补助（l'allocation de parent isolé）[12]或扶持家庭补助（l'allocation de soutien familial）[13]时更是如此。

在另一些情形中，首先要建立在共同生活的基础上，然后再考虑同居关系。（例如，关于房屋租金的立法）

三、共同生活

共同生活是评价是否构成同居关系的**基本要素**，这一原则

〔12〕 简称为API，如果单身生活，又有子女要抚养，如果生活来源低于法律规定的标准，就可以领取单身父母补助。——译者注

〔13〕 简称为ASF，这一补助针对的是单身抚养子女者，或是领养一个无双亲或不由其双亲负担的儿童者。——译者注

毋庸置疑。1999年11月15日的法令同时规定了，同居是“**以共同生活为特点的事实上的结合**”。（《法国民法典》第515-8条）

涉及同居的某些规则（比如，关于住房租赁协议，以及获得房屋权利人的地位……）只能在以下情况下适用，也即同居伴侣有**共同居所**。判例法适用同一原则。

但是，正如存在没有共同生活的婚姻一样，也存在**没有同居的同居关系**。（比如，在涉及巨额财产税[14]时，即使没有共同生活，同居关系也可以纳入计算该税的基础，在具体案件中予以考虑）

四、同居关系的稳定性

1999年11月15日的法令规定，同居关系存在与否取决于

---

〔14〕 L'impôt de solidarité sur la fortune，国内也有将其译为财产团结税。年收入超过130万欧元的人群需要向国家缴纳这一高额税款。2018年1月1日后，这一税种已经被不动产巨额财产税（L'impôt sur la fortune immobilière，LFI）代替，对动产及金融资产不再征税。——译者注

共同生活的**稳定性**和**持续性**。

在同居伴侣**缺乏共同生活**的事实时，法理和判例法都认为，同居关系的稳定性和持续性是其显著的特征。

然而，在 1999 年 11 月 15 日的法令出台前，判例法并没有这么严格。判例法承认，如果同居伴侣没有长久共同生活的目的，同居关系也可能存在。同样，涉及同居关系的成文法在讨论同居伴侣的利益时，几乎没有要求同居关系必须持续一段时间。

第二章　同居关系的法律后果

同居关系不会使同居伴侣之间产生一种法律关系。但是，这一规则有时也有一些例外情形。

一、同居关系的证明

希望获得成文法或判例法保护的同居伴侣应**证明**他们属于受法律保护的情形。同居关系是一种法律事实，可以通过任何方式证明。最常见的证明方式是由市政厅出具的**同居关系证明**。但不是所有的市政厅都可以出具这种证明。而且出具同居关系证明的条件也因社区的不同而不同。这些证明没有任何法律效力，而且这些证明常常自行规定它们只涉及相关方的责任问题。如果市政厅不出具同居关系证明，同居伴侣可以作一个**名誉证明**(une attestation sur l'honneur)。[15]

二、同居伴侣之间的人身关系

同居伴侣仍属于**单身**。同居关系并不建立民事身份行为。在同居伴侣的出生证书上也不会载明同居关系。[16]

因此，同居伴侣间**没有**诸如相互忠诚、尊重、扶助的**权利和义务**。选择这种生活方式有其局限性。但是，在小审法院(le tribunal d'instance)或劳资纠纷(prud'homale)法院审理的案件中，一方当事人的同居伴侣可以**帮助或代理**该当事人。同样，同居伴侣也可以向法

〔15〕 名誉证明是由个人书写并签名的文书。其主要用于证明一些较难证明的事项。——译者注

〔16〕 相反，如果缔结婚姻，配偶双方的出生证书上则要载明结婚的配偶双方。离婚时，也要在配偶双方的出生证书上载明。——译者注

院申请启动监护、保佐、司法保护措施，[17]签发未来保护令（mandat de protection future）[18]或家庭赋权（l'habilitation familiale）[19]

---

〔17〕 法国法上必须由监护法官启动的弱势成年人保护措施包括三个层级：第一级为司法保护措施，这是保护程度最低的一种临时性司法保护措施，有效期为 1 年，且只能延展一次。在这种司法保护制度下，被保护人仍具有完全民事行为能力，享有其权利，但是被指定的代理人可以根据法律规定开展特定民事行为，而被保护人开展的这种特定民事行为将被认定为无效。第二级为保佐制度，被规定在《法国民法典》第 440 条第 1 款，对于并非完全不能自己实施行为，在民事生活的重大活动中需要得到他人持续指导和监督的人，可以成为保佐制度的保护对象。因此，这是一种帮助而非代理。保佐制度主要对被保佐人的财产负有管理职责，对被保佐人的人身一般不负责任。第三级为保护程度最高的一种，即监护。在民事生活中，需要持续由他人代理的人，得实行监护。这三种保护措施与后面的另外两种保护措施相比较，更加正式，程序相对更加复杂一些。参见下文有关未来保护令和家庭赋权制度的注释。——译者注

〔18〕 未来保护令是根据 2007 年 3 月 5 日的法令，于 2009 年 1 月 1 日生效的一项意定监护制度。设立未来保护令无须法官介入。未来保护令，是指不属于监护保护对象也不属于家庭赋权保护对象的成年人和已独立的未成年人可以预先指定一个人或多个人作为自己的受托人，在委托人由于身体或精神上的原因不再能够保护自己的利益时，由受托人行使职责，保护委托人的人身利益和财产利益，也可以委托不同受托人分别行使对自己财产利益的保护和人身利益的保护。父母也可以利用未来保护令制度为其患病或残疾的子女利益保护指定受托人。未来保护令生效后并不必然导致委托人丧失行为能力。因此，未来保护令既可能是为自己设定的意定监护，也可能是为他人（子女）设定的委托监护。参见 Mandat de protection future，https://www.service-public.fr/particuliers/vosdroits/F16670，最后访问日期：2019 年 1 月 1 日。——译者注

〔19〕 家庭赋权制度是根据 2015 年 10 月 15 日的法令，于 2016 年 2 月 24 日生效的一项新的法律制度，在 2016 年 11 月 18 日第 2016－1547 号法令中被修正。该制度主要指在不诉诸传统司法保护措施（包括司法保护措施、保佐、监护）前提下（这一制度旨在简化启动传统司法保护措施的复杂法律程序），由弱势群体的家庭承担起对弱势群体权益的保护。在弱势成年人因年老而虚弱、受疾病影响或患有残疾无法自由表达个人意愿时，按照一般的配偶代理制度等，也无法保护弱势成年人时，根据当事人的申请，法官在其尊亲属、卑亲属、兄弟姐妹、配偶、民事连带责任伴侣、同居伴侣范围内，指定一个人无偿代理其民事行为。指定后，除非紧急情况，法院不再干预。参见 l'habilitation familiale，https://www.service-public.fr/particuliers/vosdroits/F33367，最后访问日期：2019 年 1 月 1 日。另可参见 l'habilitation familiale，https://www.tribunal-barleduc.fr/lhabilitation-familiale/，最后访问日期：2019 年 1 月 10 日。——译者注

(《法国民法典》第 430 条),或者被指定为监护人或保佐人。(《法国民法典》第 449 条)

由于同居伴侣没有建立**任何法律关系**,因此,也就没有任何法律关系可以解除。在同居关系破裂时,法律也不会认可任何形式的过错。但是,司法实践中,也有一些法院对被抛弃的同居伴侣判给一些**损害赔偿**(dommages-intérêts)。同居伴侣的过错要么存在于同居关系破裂时,要么存在于建立同居关系时。

法官也可以针对施暴者对另一方同居伴侣施行的家庭暴力行为签发保护令。(《法国民法典》第 515 -9 条)

三、同居伴侣之间的财产关系

之所以选择这种十分自由的身份关系,是因为很多同居伴侣都听说他们不会由此被束缚、牵绊。但双方的共同生活不可避免地会产生财产关系上的后果。所以,双方应明确这些财产关系上的法律后果。

(一)同居伴侣的财产

同居伴侣的财产归各自所有。同居伴侣无法证明财产来源的将被视为双方的共同财产,但任一方都可以提出反证。如不能证明是双方各自带入同居关系的财产,那么该财产就是共同财产,双方按份共有。同居伴侣可以**约定对某一财产双方各自的份额**。

(二)同居伴侣的债务

同居伴侣任一方所负之**债务**都是其**个人债务**。但是,判例法上有时也认为,同居伴侣任一方为家庭生活所负之债务,应由双方共同负担。这是适用**默示授权**(mandat tacite)的结果。如果同居伴侣制造了一种**假象**,导致债权人认为双方已经结婚,判例法上认为这构成一种过错。

(三)同居协议

没有任何法律规定调整同居伴侣的共同生活。

同居伴侣可以通过**同居协议**调整双方之间的共同生活。同居协议,是指同居伴侣据以调整双方共同生活的协议。同居协议的内容由双方当事人自主订立,只要不违反公共秩序和良善道德。协议内容一般包括同居伴侣双方各自的财产目录,目前的生活支出中各自分担比例,同居关系开始前获得的财产,同居关系破裂时财产分割方案……

同居协议中不能有涉及同居关系存续期间获得的财产的条

款,或者同居伴侣的人身义务(忠诚义务、扶助义务……)。但是,同居伴侣可以像其他的父母一样缔结一份协议,**约定双方如何行使亲权**(l'autorité parentale)。

同居伴侣可以在同居协议外订立财产清单。[20]

---

〔20〕 本书第16版中另外提及了同居伴侣的其他财产关系,分别是同居伴侣的住所和同居伴侣之间的赠与关系。关于同居伴侣的住所:(1)如果租约系由一方单独订立,订立租约一方是唯一承租人,也是相关权利的权利人和义务的承担者。如果租约权利人在毫无预见的情况下突然放弃租住的住所,或者租约权利人突然死亡,同居伴侣在其生前与其共同居住至少一年以上的,有权继续在该住所中继续居住。(2)如果租约系由双方共同签订,那么双方是共同承租人。如果一方租约权利人在毫无预见的情况下突然放弃该房屋,或者突然死亡,对于另一方承租人而言,租约仍然不变,他或她仍享有租约权利人享有的一切权利和义务。出租人的同居伴侣既可以以自己的名义,也可以以同居关系中生育子女的名义(1989年7月6日法令,第15条第1款),收回出租房屋并在该房屋处居住,只要到要求租客终止租赁合同之日,双方已经同居至少有一年以上。关于同居伴侣之间的赠与关系,长期以来,判例法认为,同居伴侣之间的赠与一律无效,原因在于,同居关系被认为是婚外性关系的结果,或是为了维持婚外性关系,因此同居关系违法且有失道德。但如果该赠与是为了保护同居伴侣在同居关系破裂后的未来生活,那么这种赠与就是合法的。1999年,法国最高法院(La Cour de cassation)彻底颠覆了判例法的规则,判定,"赠与人为了维持与受赠人的婚外性关系所实施的赠与并不违反良善道德"(1999年2月3日,法国最高法院第一民事法庭,第96-11946号上诉案;2004年10月29日,法国最高法院全体会议,第03-11238号上诉案)。——译者注

四、同居关系的解除

同居伴侣任一方可自主决定终止同居关系,法律对此没有任何形式要求。但是,如果被遗弃的一方能够证明另一方对关系的破裂存在过错或者自己因此遭受了损害,那么关系破裂后,过错方将为此承担损害赔偿责任。

(一)解除同居关系的人身效力

同居事实不会使同居伴侣创建任何法律关系,因此,当同居关系终止时,也**没有任何法律关系可以解除**。

同居伴侣一方的离开不被认为是一种过错,同居伴侣任一方有权单方终止共同生活。但是,有些法院也会判令当事人给付**损害赔偿**,依据是其对被遗弃一方存在过错责任。同居伴侣的过错要么存在于同居关系破裂的特定情形中,要么存在于建立同居关系的特定情形中。如果同居一方对其前同居伴侣作出了某些承诺,那么这也将使承诺方就此承担民事义务。这种**民事义务源于一种自然义务**,由同居一方的单方允诺行为转变而来。(1999年11月17日,法国最高法院第一民事法庭,第97－

17541 号上诉案)

(二)解除同居关系的财产效力

在解除同居关系时,同居伴侣双方应处理好双方共同财产的分割问题。如果取得财产时没有指明这是属于谁的财产,那么对于同居期间取得的财产,以及无法证明财产来源的财产,任一伴侣将被视为**该财产的共同所有人,享有一半份额**。但是,当事人也可以提出反证。如果双方订立了同居协议,这将有助于确定同居伴侣双方的财产利益,尤其是财产所有权问题。《法国民法典》第 815 条[21]及其以下的条文中**关于共有物的一般规定**也可适用,尤其是同居伴侣任一方都无法证明对财产拥有绝对的所有权时。如果双方不能就财产分割达成一致,可以诉至**家事法官**(juge aux affaires familiales)处,由法官对双方的财产利益进行清算。(《法国司法组织法典》第 L. 213 - 3 条第 1 款)

在某些情况下,同居伴侣可以援引"事实上的公司"(une

〔21〕 该条规定,任何人不得强迫他人保持财产共有状态,除非经判决或协议暂缓分割,否则任何人都有权请求分割。——译者注

société de fait)[22]和“不当得利”(l’enrichissement injustifié)支持自己分割财产的主张：

——根据判例法，**“事实上的公司”**导致同居伴侣的财产利益在双方共同生活期间发生混合。但适用这一规则须满足“公司”的构成要件。[23] “事实上的公司”应根据公司法的规定，在双方终止同居时进行清算。

——不当得利制度(《法国民法典》第 1303 条)允许同居一方当事人向另一方当事人所做之工作进行补偿，尤其是一方当事人在对方的商业活动中承担了工作的情形。只要这些工作尚未得到报酬即可(如果同居一方当事人是另一方当事人的下级，那么该当事人就不能援引“事实上的公司”制度)。该制度

---

〔22〕 根据法国法上的规定，以下情形下的公司可能构成“事实上的公司”：(1)公司成立后，被法院判定该公司的成立不符合法国商法规定的公司成立的要件，因此，被法院宣告无效，该公司不再具有公司法人资格；(2)公司发起人在创立公司时故意未按照法律规定的公司成立的要件提交相应文件，从而在事实上创立一个法人实体。这类组织类似于我国的合伙制度。合伙人签署合约，无须公告和工商登记等手续，没有法人地位，对该组织的管理由所有合伙人共同负责，每个合伙人对该组织的债务承担无限连带责任。参见 https://www. dictionnaire-juridique. com/definition/societe-de-fait. php，最后访问日期：2018 年 12 月 19 日。——译者注

〔23〕 这里指双方须订立符合要求的合伙协议，对“事实上的公司”有实际的出资行为，且双方有在“事实上的公司”共同合作的目的，明确表达了“共担风险，共享收益”的意思表示。这四项要件都须单独得以证明，不能相互推演得出。——译者注

也允许对一方当事人为**资助**购买另一方当事人所有的不动产所为之支付进行补偿。

(三)生存同居伴侣的权利

同居一方当事人死亡时,另一方当事人对死亡一方的财产没有任何**继承**的权利,除非死亡一方生前最终在遗嘱上对遗产做了处分。但是,同居伴侣的死亡在某些情况下,尤其是下列情况下,为生存一方带来了相关的权利:

——同居伴侣意外死亡时,生存同居伴侣有死亡赔偿请求权。(《法国民法典》第1240条)

——按照社会法的某些规定,生存同居伴侣和丧偶老人有同样的法律地位,因此,生存同居伴侣有权获得某些利益。[续订租赁合同,死亡补助金(capital-décès)……]

——同居伴侣一方生前没有清楚说明如何举行自己的**葬礼**时,另一方当事人可以为其选择葬礼的方式。

第三章　民事连带责任契约
（le pacte civil de solidarité）（pacs）

民事连带责任契约（pacs）是“两个成年人，无论同性还是异性，以共同生活为目的缔结的合同”（《法国民法典》第515－1条）。这一制度是通过1999年11月15日的法令创设的。2006年6月23日，2011年3月28日，2016年11月18日又分别对该制度做了修正。

一、缔结民事连带责任契约的条件

要缔结民事连带责任契约，双方必须同时满足法律规定的条件和程序。

(一)主体条件

希望缔结民事连带责任契约的主体须为**成年人**,无论**同性**或**异性**。这就排除了已独立生活未成年人缔结民事连带责任契约的可能。受法律保护的弱势成年人在他人帮助下或者保护机构的授权下也可以缔结民事连带责任契约。**被监护的成年人**经其所在的家庭召开家庭会议后授权,可以缔结民事连带责任契约。未获授权的,经监护法官同意,也可以缔结。**受保佐的成年人**要缔结民事连带责任契约,保佐人(curateur)的帮助是必备的要件。[24] 无论监护还是保佐,经户籍登记官(officier d'état civil)宣告缔结民事连带责任契约,被监护人或被保佐人就不再需要监护人或保佐人的帮助了。**适用司法保护措施保护的成年人**无须特别授权就可以缔结民事连带责任契约。

同样,下列情形也**不得**缔结民事连带责任契约:

——直系尊亲属和卑亲属之间、直系姻亲、三亲等以内的旁系血亲;

——双方当事人中,一方已经结婚或已经缔结民事连带责

---

〔24〕 法国法承继了罗马法上的保佐制度。与监护不同,保佐制度主要用于保护管理被保佐人的财产,一般不涉及被保佐人的人身保护。在部分字典中,curateur又被译作财产管理人。更多内容,参见前文注释17。——译者注

任契约的。

违反上述条件的当事人缔结的民事连带责任契约绝对无效。

兄弟姐妹不能缔结民事连带责任契约。

(二) 程序条件

2016 年 11 月 18 日“为了 21 世纪的司法”法令将民事连带责任契约的登记工作从小审法院的书记室转至户籍登记官处。想要缔结这种契约的当事人应事先准备好一份协议,并在户籍登记官处登记。

1. 订立协议

民事连带责任契约的准当事人应订立一份协议,规定双方未来共同生活的各种事项。(《法国民法典》第 515 – 3 条)

协议可以通过**私署文书**的方式订立(很可能是通过律师的帮助)或者通过**公证**订立。双方当事人也可以通过私署文书的方式订立协议,然后将协议提交到公证处进行公证。在公证处订立的协议原件由公证处保存,副本(expéditions)交给当事人本人。

协议内容由双方自主决定,只要双方达成共识即可。但是,协议必须参照 1999 年 11 月 15 日的法令,以及《法国民法典》第 515 – 1 条及其以后的条文。协议可以对双方在未来共同生活的生活方式、财产所有权、民事连带责任契约的解除方式等内容进行规定。如果协议对一方死亡后财产分割方式做了规定,需要双方当事人都有一份认可该规定的遗嘱。协议应以法文书写,并有双方当事人的签名。

2. 共同宣告

准备缔结民事连带责任契约的当事人应对双方订立这一契约进行共同宣告:

——要么到双方共同居住地的市镇**户籍登记官**处登记;(《法国民法典》第 515 - 3 条第 1 款)

——要么在**公证员**处宣告,由帮助他们书写协议的公证员完成民事连带责任契约的相关登记程序。(《法国民法典》第 515 - 3 条第 5 款)

订立民事连带责任契约的当事人在户籍登记官处或公证员处办理民事连带责任契约登记时,应**亲自到场**。

双方当事人应**出具**他们通过认证文书(acte authentique)[25]

---

[25] 法国法上,认证文书是指公职人员(比如公证员、民事登记官、送达官)有权按照法律的规定指导当事人当场书写并收回的,能够产生法律执行力的文书。参见 https://droit-finances. commentcamarche. com/faq/3963-acte-authentique-definition,最后访问日期:2018 年 6 月 25 日。——译者注

或私署文书订立的协议(《法国民法典》第515－3条),要么是完整的复印件,要么是记载了他们三个月内的最新父母子女关系情况的出生证书的复本,以及一份宣誓书。宣誓书上应载明他们共同住所的地址。且双方的共同住所必须位于受理宣告缔结民事连带责任契约的小审法院的管辖区内。对于外国人、离异者、丧偶者还需要其他材料。

如果双方是在户籍登记官处完成宣告,户籍登记官将在核实完双方的行为能力后,再进行登记;如果共同宣告是在公证处进行,则在公证登记册上予以记载。

根据户籍登记官和公证员的工作职责,在每个当事人的出生证书上都要载明宣告订立民事连带责任契约的内容,并指明另一方当事人的身份。如果一方当事人属于外国人或在外国出生,那么将向外交部户籍管理中心(le service central de l'état civil du Ministère des affaires étrangères)发出相关通知。(《法国民法典》第515－3－1条)

民事连带责任契约自**登记**之日起对双方当事人生效。只有在完成共同宣告之日起,该契约才**对第三方有效**。

双方当事人如对**变更民事连带责任契约**达成合意,他们可以像最初订立民事连带责任契约一样,重新通过私署文书的方式(写在任何纸上都可以)或者认证文书的方式(在公证处完成)订立一份新的协议。双方当事人如果是在户籍登记官处登记,那么应向原来登记的市镇提交或邮寄变更后的民事连带责任契约;如果是通过公证员完成的相关登记手续,那么应通过认证文书的方式变更原来的契约。对变更后的民事连带责任契约的宣告程序和初始民事连带责任契约的宣告程序一样。(《法国民法典》第515－3－1条第2款)

二、民事连带责任契约的法律后果

民事连带责任契约不会使相关机构出具某种特定的户籍证书,[26]但相关机构会在双方当事人的**出生证书上载明订立了民事连带责任契约的信息**。该契约的双方当事人仍然为**单身**。

(一)互惠义务

民事连带责任契约使双方当事人负有**共同生活**的同居义务。(《法国民法典》第515－4条第1款)

[26]　参见注释10。——译者注

订立民事连带责任契约的双方当事人据此有了联系，相互间负有物质帮助和互惠扶助的义务（《法国民法典》第515－4条第1款）。如果协议中没有对物质帮助和互惠扶助进行规定，那么物质帮助的程度与双方当事人**各自的经济能力**相关。（《法国民法典》第515－4条第2款）

《法国民法典》第515－9条的规定授权家事法官在订立民事连带责任契约的一方当事人向另一方当事人实施家庭暴力时签发**保护令**（une ordonnance de protection），甚至可能将施暴方驱逐出双方的共同住所。

《法国民法典》**第1751条**规定了夫妻双方对婚姻住房的**共同租赁权**，同时要求夫妻双方对所租赁房屋的所有处分行为上须达成一致。事实上，这一规定同样适用于共同申请租赁房屋的民事连带责任契约的双方当事人。

（二）财产

民事连带责任契约的双方当事人**对各自的个人财产享有管理、使用和自由处分的权利**，只对民事连带责任契约缔结前或在此期间的**个人债务承担偿还责任**，但因日常生活所需所生之债务除外。

任何一方当事人可以通过任何方式证明自己**对某一财产享**

有专有所有权,排除对方当事人或任何第三方的权利主张。对于无法证明个人享有专有所有权的财产,将被认为是双方的不可分的共同财产,每人享有一半份额。

当然,双方当事人也可以在协议中**约定实行共同财产制**。在共同财产制下,对自民事连带责任契约登记之日起双方获得的财产,无论是一方获得或双方共同获得,都属于不可分的共同财产。对这些不可分的共有财产,每人享有一半份额,且一方不能以对共有财产有重大贡献为由主张补偿。

《法国民法典》第 515－5－2 条现在规定,**对于下列财产,只有一方享有专有所有权**:在缔结民事连带责任契约后双方各自获得的财产,无论该财产以何种名义取得,只要该财产没有用于帮助获得其他财产;双方各自创造的财产及其附属物;具有人身性质的财产;在选择了财产制的初始协议或变更后的协议登记前,用一方当事人的财产换得的财产或部分财产;一方当事人赠与或继承所得换得的财产或部分财产,以及不可分的共有遗产中,一方当事人作为所有人享有的财产或部分财产经拍卖所得的财产或部分财产。

对在选择了财产制的初始协议或变更后的协议登记前,一方当事人用个人财产换得的财产或部分财产或者一方当事人赠与或继承所得换得的财产或部分财产,要在财产的购置文书中明确提及双方各自对这些**财产的份额**。没有明确的,该财产视为不可分的共同财产,每人享有一半份额,双方当事人相互间只有债权请求权。

如双方协议中没有相反规定,双方当事人都是**不可分的共同财产的共同管理人**,可以行使《法国民法典》第1873-6条到第1873-8条下规定的权利[27](《法国民法典》第515-5-3条)。对于**不可分的共同财产的管理**,双方当事人可以在遵照传统上对于不可分的共同财产的共同权利基础上达成协议,约定如何行使这些权利(《法国民法典》第1873-1条[28]及其以下的条文),但关于权利存续期间的内容不能约定,法律一般认为权利存续期间即为民事连带责任契约的存续期间,除非在解除民事连带责任契约时,双方做出了相反的约定。要保证民事

〔27〕 这些法条主要规定了以下权利:共同财产的共同管理人可以作为财产共有人的代理人在法院起诉或应诉;经财产共有人同意或授权,可以对共有财产进行管理,但除特殊情况外(如紧急情况下,为了财产共有人的利益,经法院批准),管理人非经全体共有人同意,不得转让任何共有不动产。在涉及未成年人或无行为能力的成年人时,要适用有关保护无行为能力人的规则。——译者注

〔28〕 该条规定:对不可分的共同财产享有所有权、空头所有权(nus-propriétaires——指没有用益物权等的所有权)、用益物权的权利人可以就各自权利的行使达成协议。——译者注

连带责任契约得以顺利执行,在涉及需要按照土地公示规则处理的不动产的取得时,这一协议也必须在不动产登记管理部门公示。(《法国民法典》第515－5－3条第2款)

(三)动产推定

对于善意第三人而言,占有某一动产(所有可以移动的财产)的一方当事人有权独自实施涉及该财产的所有行为,包括管理、使用或处分行为。

(四)订立契约者的债务

双方当事人只对订立民事连带责任契约前以及契约存续期间产生的个人债务承担清偿责任,但为家庭生活所负之债务除外(《法国民法典》第515－4条第2款):**一方当事人的任何支出均由其自己承担**。也即由产生债务的债务人个人向债权人清偿。如果一方当事人清偿了另一方当事人的债务,那么其可以向债务人要求就清偿的款项进行补偿。

对于一方因**共同生活所需**所负之债务,双方当事人向第三人承担共同连带责任。排除在连带责任之外的包括:明显过分的开支;未经双方当事人同意,分期购买之物及其借贷,除非确系共同生活所需且花费适中。《法国民法典》第515－4条第2款明确规定,"如果有多项借贷,这些借贷款项的总和对于家庭共同生活而言，不构成明显过分的开支”。

（五）订立契约者一方死亡时生存伴侣的权利

订立民事连带责任契约的当事人相互间没有任何**无遗嘱继承权**（droit ab intestat），除非一方通过赠与或遗赠的方式明确表达了这一意愿，尤其是通过遗嘱的方式。

民事连带责任契约当事人之间的遗产继承不缴纳任何的**遗产税**。

契约当事人之间通过**赠与**转移的遗产部分免征财产移转税（droits de mutation）（2018 年的免征额度为 80,724 欧元），除非该民事连带责任契约因为除双方当事人结婚或一方当事人死亡以外的原因，在缔结的同一个自然年度或下一年度内终止。〔29〕

---

〔29〕 在第 16 版中，作者另外介绍了订立民事连带责任契约的双方当事人的住所问题。内容如下：如果民事连带责任契约没有任何存续期限，房屋租约会一直延续或者在一方当事人抛弃共同住所或死亡后，改由另一方当事人继续租赁。（1989 年 7 月 6 日法令，第 14 条）如果民事连带责任契约是在要求租客终止租赁合同之日办理的登记，那么房屋所有权人的伴侣有权收回该房屋，用于自己或双方子女的居住（1989 年 7 月 6 日法令，第 15－1 条第 1 款）。——译者注

三、民事连带责任契约的解除

根据民事连带责任契约解除的原因不同,该契约解除的方式也存在差异。但民事连带责任契约解除的后果都是一样的。

(一)民事连带责任契约解除的原因和方式

表 2　民事连带责任契约解除的原因、方式及生效时间

原因	方式	解除生效时间
一方当事人结婚	办理民事连带责任契约登记的户籍登记官或公证员在接到相关户籍登记官关于一方当事人结婚或死亡的通知后,办理民事连带责任契约解除登记,并履行相关宣告程序	办理当天生效
一方当事人死亡		
民事连带责任契约双方当事人合意解除	双方当事人将共同署名的解除宣告交给或寄给办理民事连带责任契约登记的户籍登记官或公证员	关于双方当事人之间的关系:自户籍登记官登记之日起,解除生效。 关于双方当事人与第三人之间的关系:自公告程序完成之日起,解除生效
民事连带责任契约一方当事人单方要求解除	一方当事人向另一方当事人告知解除民事连带责任契约的决定,并将这一决定的副本寄给办理民事连带责任契约登记的户籍登记官或公证员	

被监护的成年人可以通过共同宣告或单方声明的方式解除民事连带责任契约,但如果是单方解除,那么其应在监护人的帮助下完成声明。监护人也可以提出单方解除民事连带责任契约的请求(《法国民法典》第462条第5款)。如果是被监护的成年人发出解除民事连带责任契约的意思表示,监护人是接收人。在解除民事连带责任契约的清算过程中,监护人也是被监护的成年人的代理人。(《法国民法典》第462条第7款)

受保佐的成年人可以通过共同宣告或单方声明的方式解除民事连带责任契约,但如果是单方解除,那么其应在保佐人的帮助下完成声明。

(二)民事连带责任契约解除的法律后果

订立民事连带责任契约的双方当事人可以自行决定解除契约后的经济后果(《法国民法典》第515-7条)。但如果双方无法达成一致,**家事法官**有权介入(《法国司法组织法典》第L.213-3条)。关于分割不可分的共同财产的普通法(droit commun)[30]规则可以适用。双方也可以在民事连带责任契约中规定这些财产的分割方式。

---

〔30〕 这里是指普遍适用于本法域内的所有人的法,不是只适用于某些群体的特别法。应注意这里的普通法和英美法系中提到的普通法的差异。——译者注

"如无相反约定,民事连带责任契约的双方当事人相互间的权利主张应根据第1469条的规定进行评估。"[31](《法国民法典》第515－7条第11款)也就是说,要根据婚后所得共同制(communauté d'acquêts)配偶间补偿的评估规则进行评估。

不当得利(l'enrichissement injustifié)或无因管理(la gestion d'affaires)[32]的规则不可适用:民事连带责任契约是合同,义务**不履行产生违约责任**的普通法规则可以适用。

民事连带责任契约解除时,《法国民法典》第831条、第831－2条、第831－3条、第831－4条规定的**优先分配**(l'attribution préférentielle)规则[33]可以适用。(《法国民法典》第515－6条)

---

〔31〕《法国民法典》第1469条规定:配偶间补偿的数额按照支出的费用和现存的收益二者中的最低数字计算。但如支出的费用实属必要,应当给予的补偿不应低于支出的费用。如原先借贷的款项是用于取得、保存或修缮某项财产,在该财产于共同财产清算之日已归入借款人的财产份额时,应当给予的补偿不得低于仍然存在的获利;如取得、保存或经修缮的财产在共同财产清算前已被转让,其收益按转让之日估算;如已用新的财产替代被转让的财产,按新财产估算收益。——译者注

〔32〕《法国民法典》上还规定了另外一种准合同,名为非债清偿(le paiement de l'indu)。关于法国法的这些准合同,参见李世刚:《法国新债法准合同规范研究》,载《比较法研究》2016年第6期。——译者注

〔33〕优先分配规则指在共同财产分割时,将财产所有权优先分配给其中一方,排除另一方的所有权,由分得财产的一方向未获得财产一方给予适当的现金补偿。——译者注

民事连带责任契约的一方当事人抛弃原共同住所或死亡时,原来的**租约**仍有效或转至另一方当事人承租。(1989年7月6日法令)

一方当事人可以就解除民事连带责任契约自己所遭受的损失请求另一方进行**补偿**。实践中,很难证明一方当事人存在过错。因为解除民事连带责任契约是任何一方当事人的权利。此为法律明文规定。

在一方当事人死亡后一年内,另一方当事人和生存配偶一样,享有**住房使用权**和家具使用权。(参见下文第六章的内容:但与生存配偶不同,这一规定的内容并不属于公共秩序保护的内容。也就是说,死亡一方可以通过遗嘱的方式做出相反规定)

因一方当事人死亡而解除民事连带责任契约时,在死亡证书(l'acte de décès)上,应提及另一方当事人的姓和名。(《法国民法典》第79-4条后面)

第四章　结婚条件

《法国民法典》没有对婚姻这个概念进行界定，只规定了结婚的要素和条件。在法国法上，结婚具有世俗婚的特征，但也保留了宗教仪式婚供人们选择。

一、结婚的积极条件

《法国民法典》曾经规定了结婚的身体条件，但这些内容正逐步消失。而结婚心理条件和结婚行为能力的重要性正在逐步增加。

（一）结婚的身体条件

——根据2013年5月17日法令，**同性的两个人或异性的**

两个人可以缔结婚姻。(《法国民法典》第 143 条)

——法定婚龄。男女双方都应年满**18 周岁**。不满 18 周岁的,需要检察官(procureur de la République)的特许(《法国民法典》第 145 条)及父母的同意。

(二)结婚的心理条件

配偶的同意通过在婚礼上相互交换说“是”得以实现。这应该是下意识的、严肃的表态。以建立婚姻以外的目的结婚,比如为了获得法国国籍或为了继承,这样的结婚无效。

配偶双方的结婚意愿必须没有瑕疵,但对于这一问题,只考虑是否存在暴力和错误。[34]

如有必要,户籍登记官会在受理登记的审查中核实配偶双方结婚意愿的真实性。(《法国民法典》第 63 条)

(三)结婚行为能力

1. 未成年人结婚

想要结婚的未成年人应得到检察官的特许。

未成年人的结婚意愿通过其**尊亲属**做出。如果所有尊亲属已经死亡或无法证明亲子关系,未成年人的结婚意愿可通过**家**

〔34〕 参见后文关于婚姻无效问题的阐述。——译者注

庭会议(le conseil de famille)的方式做出。

如果子女系养子女,根据该养子女是由一方或双方收养,结婚意愿由收养他或她的养父母一方或双方做出。

2. 受保护的成年人结婚

如果弱势成年人只是受**司法保护措施**(la sauvegarde de justice)保护的成年人,或者没有为他设立**任何保护措施**,那么弱势成年人在意识清醒时可以缔结有效的婚姻。

被**监护**的成年人在意识清醒时也可能缔结婚姻。在听取了准备结婚的双方当事人意见后,如有必要,还要征求被监护的成年人的父母意见,以及周围其他亲属的意见,在获得了法院的许可,或对于已经建立了家庭会议的,得到了家庭会议的许可后,意识清醒的被监护的成年人就可以结婚。(《法国民法典》第460条第2款)

对于受**保佐**的成年人,只有保佐人对结婚表示同意后,受保佐人才能在意识清醒时缔结婚姻(《法国民法典》第460条第1款)。没有保佐人的同意,受保佐人可以在请求法官许可后缔结婚姻。

二、结婚仪式

法律上规定了结婚仪式的先决条件和结婚仪式的附随条件。

(一)结婚仪式的先决条件

1. 出示相关文件

配偶有义务出具双方**出生证书**的副本,并指明最近3个月内新出现的亲子关系(《法国民法典》第63条、第70条)。不能提供上述材料的,提供由公证员送达的证明书(《法国民法典》第71条)、两个人的身份证、住址证明(其中一人的住址或其一方父母的住址),以及二名到四名证人的身份。

根据情况的不同,双方可能需要提交其他材料,如果有,需要提交已经缔结一个婚姻契约(le contrat de mariage)的公证证书。[35]

---

〔35〕 参见后文注释40。——译者注

2. 公示

公示的目的是让众人知晓这一婚姻，同时，为相关人员提供表示异议的机会，他们可以通过提交《**异议**书》的方式对这一婚姻提出异议。

根据双方的结婚请求，在双方缔结婚姻所在地的市政厅门口会张贴一份结婚**告示**，包含上述公示，并保留 10 天。（《法国民法典》第 63 条、第 65 条）

3. 听取双方意见

听取双方意见的目的是避免强迫婚姻或虚假婚姻（les mariages simulés）。[36] 在结婚前，户籍登记官（或市政厅行使户籍登记职责的代表）必须同时听取双方当事人的意见，除非这是不可能的；或者对于为使婚姻有效，必须要有有效同意的规定，这是不必要的。对于未成年人，可以在没有父母陪伴的情况下，也没有未来配偶的情况下，单独听取他们的意见。

（二）结婚仪式的附随条件

1. 公开举行结婚仪式

双方当事人必须在一方配偶或父母一方住所或居所所在地

〔36〕 虚假婚姻又被称为白色婚姻（mariage blanc），指结婚当事人中，至少有一方结婚只是为了婚姻所带来的身份利益，比如为了获得永久居留证。——译者注

的**市政厅**完成结婚仪式,或者在一方连续居住超过1个月的居所处完成结婚仪式。

结婚仪式应**公开**举行——市政厅(或为此目的指定的当地议会)的大门应该一直是打开的,并在见证人前举行。

如果确实有重大困难,并经检察官同意,也可以在一方配偶当事人的住所或**居所**举行结婚仪式。

2. 户籍登记官的职权

原则上,结婚仪式由**市长**亲自主持,但其可以将权力下放给副市长或市议员。

市长主持结婚仪式的职权范围限于市长所在的**市镇**。如果一方配偶在该市有住所或者已在该市有连续居住1个月以上的居所,或者一方配偶的父母在该市有住所或居所,市长也可以为双方当事人主持结婚仪式。为证明住所或居所,双方当事人须提交一份**名誉证明**(une attestation sur l'honneur)。

3. 配偶亲自当场

双方当事人须在婚礼现场明确表达他们的结婚意愿。

委托结婚或**死后结婚**有时会被承认,比如战争时期或存在重大原因时。

必须有二名到四名**见证人**在场见证。

4. 结婚仪式

《法国民法典》规定,须通过“一场公共仪式”举行结婚仪式(《法国民法典》第 165 条)。**宗教结婚仪式**只能在世俗结婚仪式举行后才能举行。

户籍登记官将**宣读**双方当事人提交的**文件**、**《法国民法典》上的相关规定**,以及配偶双方的权利义务(《法国民法典》第 75 条)。登记官将询问双方当事人是否**缔结过婚姻**,如是,将在结婚证书上载明。然后,双方当事人互相表示同意。最后,户籍登记官将起草结婚证书,并将家庭户口簿(le livret de famille)交给双方当事人。在配偶双方的出生证书上将载明结婚信息。

(三)结婚证书

只有**结婚证书**(l’acte de mariage)能够证明婚姻的存在(《法国民法典》第 194 条)。有配偶身份并不能证明婚姻的存在(《法国民法典》第 195 条)。只有在某些婚姻无效的案件中,占有配偶身份能起到补充证据的作用。(《法国民法典》第 196 条)

由于不可抗力没有办理登记的,婚姻的存在与否可以通过相互间的称谓或者证人证明。

如果结婚证书被刑事犯罪行为损坏,定罪判决将被转录到户籍登记册上,这就代替结婚证书起到了证明婚姻存在的作用。

三、涉及结婚的民事制裁规定

如果当事人存在结婚的障碍，这些障碍不会被法律忽视。对于这些障碍，相关当事人或机构要么在结婚前通过结婚异议予以制止，要么在结婚后以无效为由予以制裁。

（一）结婚异议

1. 结婚异议的形式

结婚异议是法律规定的某些人［尊亲属、某些旁系血亲、检察院（le Ministère public）……］通过送达官[37]送出的通知（exploit d'huissier）通知户籍登记官，这一婚姻违反了法律规定的缔结婚姻的某些要件（重婚、无行为能力……），这就构成**举行结婚仪式的障碍**。（《法国民法典》第 66 条及其以下条文）

现在，这种结婚异议越来越少见。旨在打击白色婚姻

〔37〕 送达官，又被称为司法送达官（huissier de justice），其主要职责包括：各类司法文书的专门送达、法院裁判生效后的执行、受法官委托调取相关证据、在庭审阶段以特殊身份出庭作证等。送达官旨在提高民事诉讼公正性，保障法官审判权威性。——译者注

(mariage blanc)[38]的 1993 年 8 月 24 日法令也赋予了这些群体某些利益。

2. 提出结婚异议的请求权人

提出结婚异议的请求权人包括：

——**尊亲属**：如果某一位尊亲属提出的结婚异议未被采纳，只要法官审查了案件的实体内容，那么其他尊亲属就不能再以同一理由重新提出结婚异议。(《法国民法典》第 173 条第 2 款)

——**前配偶**：重婚的情况。(《法国民法典》第 172 条)

——**某些旁系血亲**：涉及未取得同意的未成年人的婚姻，或受保护的成年人的婚姻，或者一方当事人精神错乱，需要征得监护人的同意时。(《法国民法典》第 174 条)

——**监护人或保佐人**：在没有尊亲属的情况下(《法国民法典》第 174 条、第 175 条)，法律规定适用于旁系血亲的同样事由。

——**检察院**：在重婚、户籍登记官无权管理、当事人的同意存在瑕疵的情况下。(《法国民法典》第 180 条)

---

〔38〕 白色婚姻指只是为了获得身份利益而缔结的没有性关系的婚姻，与此相近的另一个概念是灰色婚姻(mariage gris)。灰色婚姻是指，一方认为对方有真感情，但另一方只是希望通过婚姻获得某些利益，灰色婚姻中两人有性关系。——译者注

3. 结婚异议的法律后果

结婚异议是在送达官指导下相关当事人做出的**书面文书**。在举行结婚仪式时提出的口头异议无效。结婚异议行为提出一年后，即不再有效（《法国民法典》第176条），除非有新的事实和理由。特殊情况下，检察院可以免除必须要有新事实和新理由才能再提出结婚异议这一障碍。

收到结婚异议后，户籍登记官应**推迟结婚仪式**的举行。但双方当事人可以在异议时效到期前，请求撤销该结婚异议。

尽管法律没有明文规定结婚异议的撤销，但双方当事人自愿请求**撤销**结婚异议也是允许的。这种情况下，法律推定异议者同意撤销异议。但异议者可以在户籍登记官前口头表示反对，或以书面的形式[通过认证文书（acte authentique）的方式]反对撤回结婚异议，然后将其寄给民事登记官或送达官。

双方当事人可以向大审法院（tribunal de grande instance）[39]请求通过司法方式撤回结婚异议，包括未成年的当事人也可以。大审法院应在10日内做出相关裁定。（《法国民法典》第177条）

〔39〕 法国民事案件一审司法机构被分为两类，大审法院（普通司法机构）和其他司法机构（也即，特别司法机构，包括小审法院、商事法院、劳资纠纷调解法庭、残疾诉讼法院、农业租赁诉讼法院等）。大审法院是一审普通法院。根据《法国司法组织法典》第211－3条的规定，"大审法院对一切民商事案件均有管辖权，但法律规定因案件性质或标的额而将案件管辖权赋予其他司法机构的除外"。参见巢志雄：《法国民事审前程序的现代化之路——以诉讼契约化为视角》，载张卫平主编：《民事程序法研究》（第15辑），厦门大学出版社2016年版，第187页。大审法院主要受理法律没有明确规定须由其他法院受理的，平等主体之间，标的超过1万欧元的民事案件。需要注意的是在涉及亲子关系、婚姻财产制纠纷、收养及继承案件时，无论标的大小，大审法院都可以审理。在涉及家事纠纷时，案件的判决由一名法官审理做出。与大审法院不同，小审法院主要审理1000欧元以下的标的案件、消费者权益保护的案件。参见 http://www.justice.gouv.fr/organisation-de-la-justice－10031/lordre-judiciaire－10033/tribunal-de-grande-instance－12034.html，最后访问日期：2018年6月28日。——译者注

(二)婚姻的无效

1. 婚姻无效事由(见表3)

表 3　婚姻无效事由

类别	相对无效	绝对无效
事由	——同意存在瑕疵； ——对结婚个体的身份存在错误认识，或者对结婚个体的基本品质存在错误认识；[40] ——身体或精神暴力；(《法国民法典》第180条第1款) ——未得到家庭的同意(《法国民法典》第182条)	——未到法定婚龄；(《法国民法典》第144条和第184条) ——乱伦；(《法国民法典》第161～163条和第184条) ——重婚；(《法国民法典》第147条和第184条) ——没有当事人的同意；(《法国民法典》第146条)[尤其是对法律规避[41]进行欺诈的行为(fraude à la loi)：白色婚姻] ——秘密结婚；(《法国民法典》第191条) ——户籍登记官无权受理；(《法国民法典》第191条) ——一方当事人没有到场(《法国民法典》第146-1条和第191条)

〔40〕 对结婚个体身份的错误认识，包括一方对另一方的身份、国籍、所属家庭等发生错误认识，只有在这种错误对其同意结婚起了决定性作用时，构成同意的瑕疵。对结婚个体的基本品质的错误认识包括：一方无意中断某一情感关系，另一方在不知情的情况下与之结婚；一方不知道对方离过婚；不知道对方是妓女；不知道另一方曾被判处有罪；搞错了对方的国籍；不知道对方无性生活能力；不知道对方精神错乱；不知道对方是受保佐的成年人；一方没有结成持久婚姻关系的意愿。参见《法国民法典》，罗结珍译，北京大学出版社2010年版，第63页。——译者注

〔41〕 法律规避，又被称为法律欺诈，指国际民商事法律关系中，当事人故意制造某种连接点，规避对其不利的法律的行为。——译者注

续表

类别	相对无效	绝对无效
时效期限（原则）	5 年（《法国民法典》第 181 条）[42]	30 年（《法国民法典》第 184 条[43] 和第 191 条）
确认婚姻有效的方式	——结婚需要征得其同意的利害关系人已经通过明示或默示的方式对该婚姻表示赞同；（《法国民法典》第 183 条） ——结婚需要征得其同意的利害关系人在双方结婚后 5 年内都没有提出婚姻无效之诉（《法国民法典》第 183 条）	—
申请婚姻无效的请求权人	相关配偶一方； 检察官办公室； 需要其他人同意的配偶一方；（《法国民法典》第 182 条） 需要征得其同意的利害关系人；（《法国民法典》第 182 条） 在认识错误的情况下，另一方配偶（《法国民法典》第 180 条）	配偶；（《法国民法典》第 184 条） 利害关系人；（《法国民法典》第 184 条） 在重婚的情况下，一方的前任；（《法国民法典》第 188 条） 在有规避法律行为[44] 的情况下，善意的配偶一方及检察院（《法国民法典》第 190－1 条）

〔42〕 该条规定，自结婚起已经过 5 年的，提出婚姻无效之诉不再受理。——译者注

〔43〕《法国民法典》第 184 条规定，自结婚起 30 年内，可提出婚姻无效的诉讼。——译者注

〔44〕 法律规避，又被称为法律欺诈，指国际民商事法律关系中，当事人故意制造某种连接点，规避对其不利的法律的行为。——译者注

2. 婚姻无效的后果

(1)婚姻无效溯及既往

宣告婚姻无效意味着婚姻无效**溯及既往**,自始无效。

双方相互间不再有姓名权,姻亲关系消灭,婚姻财产制消灭,继承权消灭,配偶间的赠与消灭。

所生**子女**依然视为是婚姻期间所生子女,不受婚姻无效溯及力的影响。

(2)溯及力的限制:推定结婚的理论

- 推定结婚的条件

要适用推定结婚理论(《法国民法典》第201~202条),必须至少有一方当事人**不知道婚姻无效事由**,无论这种错误的性质及无效的类型(相对无效还是绝对无效)。

法律推定,当事人都是善意诚信的,至少在结婚仪式举行时是这样。(事后发现婚姻无效事由没有重大影响)

- 推定结婚的法律后果

在推定结婚的情况下,婚姻对于善意缔结婚姻的**一方配偶**有效,如果双方都不知道导致婚姻无效的事由,那么婚姻对双方都有效。

对于**子女**而言,无论何种情况婚姻都是有效的,即使双方都有不诚信的行为:子女将被视为婚姻期间出生的子女,对于他们的问题,将按照离婚的相同方式予以调整。

第五章　婚姻的效力:配偶间的人身关系

婚姻将产生一系列一般的法律后果:未成年配偶脱离原来的监护关系,婚姻中配偶如何使用姓氏……婚姻将使配偶间产生相同的权利义务。

一、互惠义务

(一)共同生活的义务

配偶有一个**共同住所**(《法国民法典》第215条),但只要不违反共同生活的相关规定,一方配偶还可以有一个独立的居所,通常这是职业的需要。

理论上,只有在**司法判决**下,共同生活才会停止。和平分居协议无效。

“同居义务”包括了“**夫妻义务**”(le devoir conjugal),如果一方拒绝发生性关系则构成过错。

(二)相互尊重、忠诚、扶助的义务

《法国民法典》第212条规定了“配偶应相互尊重、忠诚、救助和扶助”。《法国民法典》没有对**忠诚**进行界定,但对配偶双方都施加了同样的义务。不忠可以是身体上的(如通奸),也可以是精神上的(如婚外恋的浪漫情节)。

相互尊重的义务要求每个配偶尊重另一方配偶的身体完整性及其道德信念。(《法国民法典》第212条)

扶助义务是一项道德要求,配偶有相互帮助的义务,他们应该相互喜欢、相互奉献。(《法国民法典》第212条)在分居的情况下,这种义务表现为一种金钱义务,与**救助义务**相混同。

二、家庭的目标

“配偶双方共同决定家庭的精神目标和物质目标。”(《法国民法典》第213条)这就是说,双方对于共同生活及子女(亲权)

的相关事项有权共同做出决定。因此，家庭的目标是基于双方的**协议**达成的。

任一方配偶都有权就与个人**秉性**有关的问题单独做出决定，只要该决定不会给另一方配偶带来负面影响即可。

如果一方配偶有事离开本地，此时又有一些紧急事项需要他或她做出决定，那么配偶之间的**委托**(《法国民法典》第218条)就非常有必要。

法律推定，对于某些行为，**配偶之间可以相互代理**，包括亲权事项，涉及维持家庭日常生活及儿童教育的合同等。

第六章　婚姻的效力:配偶间的财产关系

调整配偶间财产关系的相关法律规定,实际上造就了配偶间的一种既相互依赖又在各自的财产收益方面保持相对独立的关系。

一、配偶间相互依赖

配偶间的相互依赖关系主要体现在涉及家庭住所、家庭负担(les charges du mariage)承担,以及应对家庭危机的相关规定。

(一)家庭住所

“在未经另一方配偶同意的情况下,任一方配偶都不能行

使涉及保障家庭住所以及家庭住所内设置的动产家具的相关权利。”(《法国民法典》第 215 条第 3 款)

本条规定涉及家庭住所、该住所上的权利,以及住所中的家具。所有处分行为,也就是说,所有直接涉及财产因素的处分行为,任一方配偶都不能单独处分,除非有以下两种情况:遗嘱和强制处分行为(征用、扣押、根据债权人的申请强制出售……)。

对于家庭住所而言,任一方配偶**无权处分,但也不能扣押**。

未经配偶同意的处分,配偶有权在(知道该处分行为后的)一年内主张另一方的处分行为**无效**。且该无效行为将剥夺另一方配偶就家庭住所行使任何行为的权利。

《法国民法典》**第 1751 条**规定了配偶双方对所居住房屋的**共同租赁权**。这就要求对于租约的所有处分行为,配偶双方都要取得一致意见。

(二)家庭负担(les charges du mariage)

1. 对家庭负担的分担

任一方配偶都有义务分担家庭负担。[45]（《法国民法典》

---

〔45〕 对家庭负担的分担,是指夫妻双方应共同承担家庭各项合理的开支,比如,夫妻之间关于娱乐、医疗或教育抚育子女等费用。参见张民安:《法国民法》,清华大学出版社 2015 年版,第 219 页。——译者注

第 214 条)

配偶双方各自分担的份额应与双方选择的**生活方式**相符,包括当下必要的生活开支,以及一些相对较高的特殊开支。

配偶双方可以通过协议的方式决定各自分担家庭负担的方式。没有约定时,每个人可**根据各自情况**进行分担。

对家庭负担的分担可以通过金钱、在家从事家务劳动或在自己配偶的企业工作的方式做出。

如果一方配偶不愿意分担对家庭的责任,另一方可以到家事法官处[《法国民事诉讼法典》(Code de procédure civile)第 1069 - 1 条及以下规定],通过强制执行程序,比如请求直接支付扶养费的程序[《法国民事诉讼执行法典》(Code des procédures civiles d'exécution)第 R 213 - 1 条及以下规定],寻求救济。[46]

2. 家庭债务的偿还义务

夫妻双方对**日常生活所需**所负债务负共同连带责任(《法国民法典》第 220 条)。夫妻双方都有权独自处理家庭事务,任何一方配偶都可以使用所有家庭财物。

---

[46] 在婚姻存续期间,一方配偶有权要求不分担家庭负担的另一方配偶直接支付扶养费;在结束法定的婚后所得共同制的情况下,一方配偶有权要求不分担家庭负担的另一方配偶支付未来 5 年的扶养费。——译者注

家庭债务旨在**维持家庭生活和教育子女**。家庭债务不包括明显超过双方家庭生活方式所付的费用、临时购买之物及类似债务，除非这与合理的日常生活需要相关且必要。现在，《法国民法典》第 220 条第 3 款在末尾规定，“如果有多项借贷的，这些借贷款项的总和并不明显超出家庭的生活水平”。[47]

（三）家庭危机

《法国民法典》允许家事法官在审理涉家庭危机的案件时行使权力撤销当事人的财产权利和移转其权利。此外，如果一方配偶对另一方配偶实施家庭暴力，法院可签发保护令，甚至可以要求施暴者搬离婚姻住所。（《法国民法典》第 515 -9 条及其以下条文）

1. 撤销权利

当一方配偶实施的行为将家庭置于危险之中，法院可下令撤销其享有的权利：

——**临时撤销权利**（《法国民法典》第 220 -1 条）：如果一方配偶严重违反其对家庭的财产义务和人身义务时；

---

〔47〕 2014 年 3 月 17 日法令对《法国民法典》第 220 条有关家庭债务的内容做了修订，现在第 220 条第 3 款的规定全文内容如下：“未经配偶双方同意，分期购买之物不引起夫妻之间的连带偿还义务，除非这是为了满足合理的日常生活需要，而且如果有多项借贷的，这些借贷款项的总和并不明显超出家庭的生活水平。”——译者注

——**永久撤销权利**:这只针对适用法定共同制(le régime de communauté légale)[48]的情形:

---

〔48〕 法定共同制也被称为婚后所得共享制(communauté réduite aux acquêts),在双方没有约定财产制时适用。本书中对夫妻财产制没有进行过多介绍,这是因为作者另外专门写了一本关于法国夫妻财产制的书。这种安排有可能是受到了《法国民法典》篇章结构的影响。在《法国民法典》中,有关家庭法人身关系的内容主要规定在第一卷"人法"中,而有关夫妻财产制的相关规定(包括赠与、夫妻财产契约、夫妻财产制等)则规定在第三卷"取得财产的各种方式"中,其中第五编为夫妻财产契约与夫妻财产制。需要注意的是,按照《法国民法典》第1401~1402条之规定,婚后所得共享制是指婚姻存续期间,夫妻一方或双方劳动所得归夫妻共同共有,同时,双方各自特有财产的孳息与收入形成的结余也归夫妻共同共有。凡不能证明某一财产(无论是动产或不动产)属于一方的特有财产时,则法律推定其为共同财产。结婚时,双方当事人可以选择去公证处签署婚姻契约(le contrat de mariage)。选择适用于这一婚姻的财产制。按照法国法的规定,有4种夫妻财产制可供当事人选择。其包括:(1)婚后所得共享制。如果夫妻双方在结婚的时候没有订立夫妻财产制契约,默认适用这一类财产制。此即为法国的法定夫妻财产制。(2)动产及婚后所得共有制(le régime de la communauté de meubles et d'acquêts)。依第1498条之规定,属于夫妻共同财产的除第一类财产制所涵盖的财产外,还包括夫妻双方婚前已拥有的动产(les biens meubles),以及二人婚后从遗产继承和赠与中获得的动产,遗产继承和赠与中指明的除外。(3)全部财产共有制(le régime de la communauté universelle)。双方财产无论是婚前或婚后所得,全部都由夫妻二人共有。(4)财产分割制度(le régime de la séparation de biens pure et simple)。在财产分割制度下,夫妻婚前和婚后的动产与不动产等全都归各自所有,各自管理。用夫妻一方名义在银行所开账户的本金和证券均属于其个人。但夫妻合开的账户(compte-joint)则归双方,哪怕它只由一方在提供存款。如果夫妻共同购房,产权属于双方共有,按照每一方出资的份额确定各自拥有的比例。但即使夫妻采取财产分割制,双方仍必须共同承担家务支出。法国的夫妻财产制契约具有以下几个特点:(1)夫妻财产制契约必须公证;(2)夫妻财产制契约必须在结婚前缔结,但在双方结婚后生效;(3)夫妻财产制契约只有在结婚证书上予以标注后,才能对抗第三人。参见 Guy Raymond, Droit Civil, 2e édition Litec, pp. 756 – 760; David Bakoche, Droit civil les personnes la famille, HACHETTE, p. 149; Brigitte Hess-Fallon Anne-Marie Simon, Droit de la famille, 8e edition, Dalloz, p. 80。转引自张民安:《法国民法》,清华大学出版社2015年版,第219页。——译者注

● 《法国民法典》第1426条：如果一方配偶对于共同财产制的管理存在无行为能力或欺诈的情形，可以撤销其对共同财产的权利；

● 《法国民法典》第1429条：如果一方配偶将家庭利益置于危险之中，任其财产不断减损，制裁措施是撤销其对相关财产的权利。

2. 移转对配偶的权利

(1)代理权的移转

代理权的移转导致原来的代理人一方不再是其配偶的代理人：

——**非司法机制**：相关事务的授权和管理；

——**司法机制**：紧急情况下（《法国民法典》第220-1条），[49]一方配偶不能实施相关行为时（《法国民法典》第219条第1款和第1429条），[50]或者一方配偶对将家庭利益置于危

[49] 《法国民法典》第220-1条第1款规定，在一方配偶严重违反其义务，并因此损害家庭利益时，家事法官可下令采取各项紧急措施，以保护受损害的家庭利益。——译者注

[50] 《法国民法典》第219条第1款规定，在一方配偶不能实施相关行为时，另一方配偶可以请求法官判令自己担任其配偶的代理人。这一代理权的条件和范围由法官决定。——译者注

险之中，存在过错(《法国民法典》第1429条)，[51]另一方配偶可请求移转相关权利。2015年10月15日法令创设的家庭赋权制度(l'habilitation familiale)(《法国民法典》第494－1条[52]及其以下条文)也规定了同样的内容。

(2)合同转让

在涉及合同转让的情况下，一方配偶取代另一方配偶在合同中的位置，被取代的配偶不再参与其中(《法国民法典》第220－1条、第217条和第1426条)。这些行为对被取代的配偶有效。

二、配偶间相互独立

配偶间相互独立表现为配偶的择业自由和对个人特有财产的管理。

---

〔51〕《法国民法典》第1429条规定，如果一方配偶不能做出意思表示，或任其财产不断减损，或隐匿或转移其从特有财产中获得的收益，损害家庭利益，应另一方配偶的请求，可以由法院判令撤销一方配偶的权利，将其权利移转至另一方配偶。——译者注

〔52〕《法国民法典》第494－1条规定，如果个人因为法定原因不能表达意愿时，可以从其近亲属中指定一人，除非该近亲属已经没有与之共同居住。——译者注

(一)择业自由

任一方配偶可以自由选择自己的**职业**,只要不违反《法国民法典》第 220 - 1 条的规定(如果某项职业对家庭利益构成威胁,那么可撤销该配偶选择该职业的权利)。(《法国民法典》第 223 条)

任一方配偶有权从自己的职业中获取报酬,并自由支配这些报酬,只要他或她已经对家庭负担做出了自己的贡献。**工资收入**都属于个人财产,只要这些收入还没有变成积蓄。因此,用自己的工资收入实施的赠与属于个人自由,除非这些工资收入已经变成积蓄的形式。

(二)个人特有财产

"配偶双方对其个人财产享有管理、让与以及用其承担义务的权利"。[53] (《法国民法典》第 225 条)

---

〔53〕《法国民法典》第 1404 条规定,在婚姻关系存续期间取得的以下财产,依其性质,构成个人的特有财产:(1)属于夫妻一方的衣物或其他纺织品;(2)因身体或精神伤害而导致的损害赔偿请求权;(3)不能让与的债权和抚恤金;(4)以及,一般而言,具有人身性质的所有财产,以及专与人身相关的所有财产。一方职业所需的劳动工具原则上属于一方的特有财产,但已经给予对方相应补偿的,或者属于构成共同财产的经营事项的一部分时,则其不属于一方的特有财产。第 1405 条则规定了双方的特有财产包括双方各自婚前拥有所有权或占有的财产;在婚姻存续期间,没有明确指明归夫妻共同所有的各自依继承、遗赠或赠与所得之财产也属于各自的特有财产。——译者注

这一原则也有**限制**，尤其是涉及房屋问题时。（参见上文）这一原则的限制还来自以下事实：在共同制下的个人财产负有保障家庭的使命，在这个层面上，负有保障家庭使命的个人财产的收益就属于共同财产。

配偶双方都有权处分自己个人持有的**动产**（《法国民法典》第 221 条和第 222 条）：法律推定个人具有这样的权利。这一法律推定的理由是为了消除婚姻外第三人任何可能的担心和疑虑，但这可能造成家庭功能的瘫痪。

配偶双方都有权不经他方配偶的同意，自由开立**银行账户**（《法国民法典》第 221 条）。存款机构无权要求另一方配偶的同意。《法国民法典》第 221 条实际上创立了与存款机构相对的个人有权自由处分的法律推定。

第七章　离婚条件

《法国民法典》第 229 条规定："下列情况下，可宣告离婚：要么双方达成离婚合意，要么婚姻关系变坏至无法挽回，要么存在过错。"

一、达成合意时的离婚条件

如果配偶双方对于离婚原则（le principe du divorce）[54]及离婚后果都达成了一致，那么双方可以适用双方合意的离婚。

---

〔54〕 离婚原则指婚姻破裂原则（le principe de la rupture du mariage）。法国法上的一种离婚情形就是双方当事人接受婚姻破裂原则，也即双方当事人都认可婚姻破裂的事实，不再考虑造成婚姻破裂的原因。这被称为婚姻破裂原则。——译者注

双方合意的离婚所需的文件是一份**配偶双方签名**、表明他们在离婚原则上和离婚后果上都达成一致的文件。

2016 年 11 月 18 日《关于 21 世纪的司法现代化》的法令对离婚法做了实质修改,引入了一种新的离婚方式:当事人通过律师在离婚文书上共同签名,并将其交给公证员审核合格后,依序存档。也就是说,新法允许双方配偶在没有法官介入的情况下离婚。现在,合意离婚主要是通过非诉的方式,除非不符合相关条件。

(一)达成合意时两种离婚方式的共同条件

双方当事人合意离婚时,通过非诉的方式离婚和通过诉讼离婚在某些方面须具备相同的条件:

——请求合意离婚的双方配偶应**对离婚原则和离婚后果同时达成一致意见**。也就是说,根据这一安排处理离婚后果。在协议中,双方应陈述他们达成的合意(参见下文)。根据情况的不同,当事人是否存在真实且明确的离婚意愿需要由律师或法官核实:

- 如果是通过非诉的方式办理合意离婚,《法国民法典》规定,"对离婚的同意及其法律后果不能推定"(《法国民法典》第 229 - 3 条)。双方订立的协议中应明确表明双方的离婚合意。

• 如果是通过诉讼程序办理合意离婚,法官应查明配偶双方的离婚意愿都是真实的,且他们**都是自愿、明确地表达了同意离婚**(《法国民法典》第230条、第232条第1款)。法官应通过与双方配偶的**谈话**确认双方各自都同意离婚(《法国民事诉讼法典》第1099条)。法官对离婚意愿的核实仅限于配偶双方是否同意离婚,并**不会延伸至离婚的动机**。

——任何一方**配偶都不属于弱势成年人保护措施保护的对象**。只要属于监护、保佐、司法保护措施保护的对象,家庭赋权的保护对象,或者是未来保护令的保护对象,那么该配偶就不能通过合意的方式离婚,也不能通过接受婚姻破裂事实的方式离婚。(《法国民法典》第229-3条第2款、第249-4款)

(二)非诉合意离婚的条件

《法国民法典》规定了非诉合意离婚的具体条件(《法国民法典》第229-1条及其以下条文):

——**配偶双方应接受其各自律师的帮助**:配偶双方都应有自己的律师(双方的律师应来自不同的律师事务所),这样可以避免一方配偶给另一方配偶施加压力。

——如果配偶双方有**未成年人子女**,父母应告知未成年子女,他们**有权接受法官询问**,但子女知道后并未要求法官听取他们的意见。否则,父母就有义务向家事法官共同提出离婚申请,请求合意离婚。如果未成年人中没有人请求法官听取自己的意见,那么离婚必须以非诉合意离婚的方式进行。(《法国民法典》第229-2条)

(三)诉讼合意离婚的条件

只有配偶双方生育的子女请求向法官表达自己对父母离婚的意见时,双方才可能通过法官完成合意离婚。如果子女没有要求,那么只能通过非诉的合意离婚。

如果双方达成的协议中没有**有关离婚后果的最终约定**,尤其是该婚姻需要进行婚姻财产制清算时,或者协议中没有明确表示不需要清算时,那这样的离婚申请将不被受理。(《法国民法典》第232条,《法国民事诉讼法典》第1091条第1款)

审查离婚协议的法官可以根据案件的具体情形,调整协议规定的离婚后果:"如果法官确认离婚协议不能充分保护子女或一方配偶的利益,法官可以拒绝认可该离婚协议,不宣判离婚。"(《法国民法典》第232条第2款)

二、接受婚姻破裂原则时的离婚条件

受弱势成年人保护措施保护的配偶一方不能请求适用接受婚姻破裂原则时的离婚。(《法国民法典》第 249 –4 条)

(一)在离婚原则上,配偶已达成合意

“如果双方当事人都接受婚姻破裂原则,不考虑造成婚姻关系破裂的原因,那么一方或配偶双方可以请求离婚。”(《法国民法典》第 233 条第 1 款)法官只关心双方对离婚是否同意的问题。

离婚是基于双方当事人均承认婚姻已破裂。只能由法官核实双方是否同意离婚的问题,并且《法国民法典》第 233 条第 2 款规定,对于婚姻破裂原则的“接受不得撤回,也不得通过上诉的方式请求撤回”。

(二)在离婚后果上,配偶不能达成合意

离婚双方达成合意的第二个层面是这一合意只涉及是否离婚的决定,也就是说,和双方达成合意离婚的情况相比,双方接受婚姻破裂原则的离婚只有在离婚原则上与其相同,对于离婚

后果以及安排则不然。法律没有规定,双方当事人是否有就离婚后果达成合意的可能,但是,法律试图减小这种离婚中争议事项的范围。接受婚姻破裂原则的离婚和**有共同过错的离婚**(divorce aux torts partagés)具有相同的法律后果。“如果法官查明双方当事人都是在自愿情形下表示同意离婚,法官将宣布双方离婚,并就离婚法律后果做出判决。”(《法国民法典》第 234 条)也就是说,在法律没有明确规定可自动适用的规则情况下,由法官决定离婚的法律后果。

三、由于婚姻关系变坏至无法挽回的离婚条件

《法国民法典》第 237 条规定,“婚姻关系变坏至无法挽回时,一方配偶可以诉请离婚”。在以下两种情况下,这种婚姻关系的改变非常典型(《法国民法典》第 238 条):

——**在双方停止共同生活的情况下**:在首次诉请离婚之前的两年内,配偶双方在感情上和物质上都已经停止共同生活;

——**如果本诉中,提出离婚请求的原因是过错,而作为反诉(la demande reconventionnelle),提出离婚请求的原因是婚姻关**

系已变坏至无法挽回时：如果以过错为由请求离婚被裁定驳回，那么法官将认为这充分说明双方不可能继续维持婚姻关系。

四、因为过错离婚的条件

1975年前，过错是离婚的唯一理由。从1884年开始，法律就承认了这种形式的离婚理由。1975年的法令出台前，存在一些所谓的“毋庸置疑”的过错，[55]比如，**通奸和被判处一项令人痛苦的、臭名昭著的刑罚**。这些过错免除了离婚案的原告证明对方严重违反了婚姻义务的证明责任。还有一些所谓的可选择的离婚过错理由。这就需要原告提供证据证明被告严重违反了婚姻义务。现在，只有可选择的离婚过错理由了。但是，法官却保留了对过错情形进行评估的自由裁量权。

1975年后，《法国民法典》不再界定什么是过错。法律只提及了“事实”。《法国民法典》第242条提到，**配偶一方有可归责的事实，且严重违反或屡次违反婚姻中的义务和责任，导致无法**

---

〔55〕 这里指为了离婚虚构过错。——译者注

容忍继续维持共同生活。

（一）可归责的事实

过错应来自能**自主表达个人意愿**的一方。过错必须能够归责于一方配偶。如果事实的发生是由于个人心智能力变化的影响或不可抗力，那么这就不可归责于实施行为的配偶。如果过错事实是第三人实施的，那么这一过错也不可归责于一方配偶。过错应该是被告个人实施的行为。

（二）严重违反或屡次违反婚姻义务和责任

过错应包括严重违反或屡次违反婚姻义务和责任。**屡次违反**与严重违反性质一样。在评估过错时，法官将行使自由裁量权。为了评估某一行为是否严重，法官一般会考虑实施行为人生活的社会环境、所接受的教育及其生活方式。

但配偶一方没有充分履行婚姻义务和责任时，就构成过错：

——**共同生活的义务**包括肉体上的同居和在同一屋檐下的同居。没有圆房、拒绝履行夫妻义务，或者过度性行为都可能构成过错。分房的事实不构成过错。关于在同一屋檐下同居，抛弃婚姻住所属于过错，无论这一事实是否是由于另一方配偶的行为，尤其是暴力行为导致的。过错也存在于以下事实中：反对对方配偶在选择住所时不断拒绝或单方选择住所；或者在离婚诉讼败诉后,拒绝恢复共同生活。抛弃婚姻住所是最常见的违反共同生活义务的情形。然而,判例法上对于以下问题也存在分歧,即一方根据双方达成的合意离开婚姻住所是否构成过错。

——**相互帮助的义务**包括以下几个方面:

• 物质上的帮助:这是分担家庭负担(les charges du mariage)的一种方式。不照顾家庭、不承担家务或者拒绝分担家庭负担,这些都是过错。

• 精神上的帮助:最常见的一种情形是拒绝照顾另一方配偶,甚至抛弃患病配偶。这也可能涉及一方配偶在另一方配偶需要时长期放任不管和/或反复缺席。

在子女方面的帮助:这涉及违反《法国民法典》第 203 条和第 213 条的规定,[56]包括对子女精神上或物质上的遗弃,甚至涉及在子女教育方面的不良行为。

——**忠诚义务**:违反忠诚义务的过错包括通奸(《法国民法典》第 212 条)。判例法上区分了构成通奸的两种要素:违反忠诚义务的物质要素和通奸的主观故意要素(在通奸构成道德过错的范围内)。

---

〔56〕《法国民法典》第 203 条和第 213 条主要涉及父母对子女的生活保持义务,包括对子女的抚养教育等。——译者注

通奸既包括与除配偶以外的第三人实施性行为，也包括其他不忠行为，比如与第三人有暧昧关系等。

通奸是自双方缔结婚姻关系起至婚姻解体时这一时间段内发生的过错。但如果发生在事实上的分居期间或者在离婚诉讼期间，这是否也是过错呢？法国最高法院屡屡提及要坚守忠诚义务。事实上，法官对这一义务的评估也越来越具有灵活性。法官将考虑一方配偶对另一方配偶的态度，同时，也越来越多地认为，分居时间的延长会降低这一问题的严重性。

过错还可能是可归责于一方配偶的**其他事实**。为了惩罚一方配偶，法院经常会灵活使用严重伤害(injure grave)的概念。因此，他们会将许多事实认为是过错：

——**身体暴力**(violence physique)：殴打、奴役……只要这些行为发生在共同生活期间。对于这种身体暴力可以通过任何形式予以证明。

——**传播性传染病**：如果配偶知道自己患有性传染病，知道自己有可能将自己的疾病传染给自己的配偶，这就构成一种过错。

——**拒绝承认自己的父亲身份或母亲身份**：妻子在丈夫不知情的情况下终止怀孕是一种过错。相反，妻子可以拒绝进行人工授精，这并不构成过错。

——**侮辱的态度**：酗酒、可耻的行为、赌博恶习、永久的敌意、虐待配偶或子女、不良教育、诋毁姻亲等。

——**对家庭漠不关心**：工作、宗教事务上过于投入，无节制享乐……

——**不忠**：这主要包括向配偶隐瞒重大事实，比如，在双方结婚时，没有告诉另一方配偶自己患有严重疾病，或者曾有刑事犯罪。

（三）无法容忍继续维持共同生活

一方配偶在婚姻中的过错应具有以下特点：其将导致继续维持共同生活是无法忍受的。这是一个决定性的标准。违反婚姻中的义务不应只是严重而已。违反这些义务还应该对一方配偶产生**心理上无法容忍**的后果。

立法者的目的不是鼓励建立在容易忘记的一时的过错基础上的离婚诉讼，尤其是建立在性格不合基础上的离婚诉讼，而是判断现实情况是否属于无法容忍继续维持共同生活的情形。而这属于事实审法官（juges du fond）[57]的自由裁量权。

---

〔57〕“Juges du fond”在有些译文中又被译为审判法官。在法语中，与这一短语相对的是“Juges du droit”，译为法律审法官。在法国，一审、二审法院的法官都是事实审法官，最高法院的法官才是法律审法官。——译者注

第八章　离婚程序

双方合意离婚适用的程序与其他情形下的离婚适用的程序不同。对法官职权的规定则适用于所有离婚的情形。

一、对法官职权的规定

如果符合法律规定的离婚条件，家事法官（le juge aux affaires familiales）有权宣布配偶双方离婚，并有权对离婚的法律后果做出判决，除非配偶双方已经通过共同签署的私署文书并提交公证员审核合格后依序存档，选择了合意离婚。家事法官授权原告在离婚中传讯被告，并对配偶双方的生活质量有充分的调查权，从而对他们的婚姻状态做出判决。家事法官还有权对离婚后如何行使亲权、扶养费(la pension alimentaire)或者一方对子女的抚养(l’entretien)、教育义务等应做的贡献做出判决(《法国民事诉讼法典》第 1084 条)。家事法官在家事案件中行使速决程序法官(juge des référés)的职权。[58] 家事法官也有权对配偶双方的财产利益进行清算和分割。(《法国司法组织法典》第 L. 213 - 3 条)

家事法官对某一案件的管辖权自当事人首次向法院提交诉讼请求时确立(《法国民事诉讼法典》第 1070 条)(见表 4):

表 4　家事案件管辖权

<table>
<tr><th>情形</th><th>有管辖权的家事法官</th></tr>
<tr><td>原则</td><td>家庭住所所在地</td></tr>
<tr><td>如果配偶有单独的居所</td><td>一方配偶及子女生活的住所所在地</td></tr>
<tr><td>如果配偶有单独的居所且没有子女</td><td rowspan="2">被告住所所在地</td></tr>
<tr><td>如果配偶有单独的居所,部分子女和母亲生活,部分子女和父亲生活</td></tr>
</table>

〔58〕 速决程序中法官具有以下权力:(1)在紧急情况下,裁定采取没有重大异议的措施或采取证明争议存在的措施;(2)即使有重大异议,如果有必要采取保全措施或恢复原状以预防损害或命令停止实施明显不合法的行为;(3)在对义务的存在没有重大异议时,速决程序法官可以裁定债务人向债权人支付一笔款项或命令债务人实际履行义务。——译者注

续表

情形	有管辖权的家事法官
配偶双方共同提出离婚请求,但双方分开居住	配偶有权选择向一方配偶住所所在地的家事法官提出离婚请求
在离婚宣判后,有子女时	行使亲权的一方配偶住所所在地;但在有共同亲权的情况下,子女的惯常居住地
在离婚宣判后,没有子女时	被告住所所在地
有离婚补偿金请求或扶养费(la pension alimentaire)请求的纠纷时	主要负责照顾子女的父母或债权人一方住所所在地。这只是一种可能

二、双方合意离婚的程序

非诉合意离婚和有法官干预的离婚相比,所适用的程序更加简单。

(一)非诉合意离婚的程序

新法通过**取消法官的许可程序**,简化了合意离婚的程序。

1. 离婚协议的制定

改革的一项原则是,**由配偶双方的律师拟定离婚协议,将其提交公证员审查合格后,依序存档,离婚协议采用的是由双方律**

师共同签署的私署文书的方式。(《法国民法典》第 229 - 1 条)

在协议准备阶段,律师在当事人提供的内容基础上草拟协议,再由双方律师及其当事人协商召开一个共同会议,对草拟协议的内容进行补充和修订,最终定稿。每位律师需要对各自当事人通过挂号信(lettre recommandée)的方式寄送协议草案,并要求附上挂号信回执。(《法国民法典》第 229 - 4 条第 1 款)

载明双方就离婚达成合意的离婚协议应包括以下一些内容,否则无效:(《法国民法典》第 229 - 3 条第 2 款以及以下条文,《法国民事诉讼法典》第 1144 - 1 条及其后文)

——配偶双方的姓名、职业、住址、国籍、出生时间和地点(如果有子女,则一并提供子女的出生时间和地点)、结婚时间和地点。

——双方律师的姓名、工作地址、律师执业的组织机构及其注册的律所。

——在协议中明确载明双方对于婚姻破裂原则及其后果达成了合意。

——对离婚后果有完全充分的安排。

——对婚姻财产制进行了清算,或者声明没有必要清算。

——载明父母已经告知他们的子女,子女有权向法官表达对父母离婚的个人意见，但其放弃使用这项权利，或者载明因为子女尚无辨识能力，所以没有告知子女他们有权向法官表达对这一问题的个人意见。

——“以名誉宣告，准确说明个人的资产、收入、财富、生活条件，以便在拟定协议时核实”。（《法国民法典》第 272 条，2017 年 1 月 26 日的通报中明确规定，本条适用于不经法官审理的离婚）

——收取该协议并存档的公证员的名字。

——如果适用，那么以补偿费（prestation compensatoire）名义分配的财产属于不需要进行不动产登记（la publicité foncière）[59] 的财产。如果该财产需要进行不动产登记，那么分配该财产则是通过在公证员前书写一份认证文书的方式进行，认证文书作为离婚协议的附件，一并存档。

——如果适用，提醒讨回债权的方式，以及重新审核债权的规则。

——划分配偶双方各自需要承担的离婚费用。

---

〔59〕 不动产登记是旨在告知第三人财产上的财产权利变动的一系列手续。履行这一义务意味着需要支付不动产登记税（la taxe de publicité foncière，TPF）。——译者注

——如果适用,经授权的译者翻译的协议及其所有附件的内容。

配偶双方都会收到由他们的律师通过挂号信寄给他们的离婚协议草案及收信的回执。

2. 在离婚协议上签名

2017年1月26日的通报提倡,**配偶双方应在双方都在场的情况下,在离婚协议上签名**。配偶双方中,“自最后一方配偶收到挂号信之日起,应至少提前15日”约定双方见面会的时间。在见面会上,配偶双方及双方律师都要在场,由各方在其他人见证下签名。每一名当事人签字时都须亲自到场。

从收到协议书之日起,15日的考虑期之内,任一方都不能在协议上签字,(《法国民法典》第229-4条)否则协议**无效**。

配偶双方及其律师应在三份离婚协议及其附件上签字。(《法国民事诉讼法典》第1145条)配偶双方各自保留一份带有附件的离婚协议原件。第三份离婚协议交给公证员。也可能还会在相同的情况下再签署一份离婚协议,交给税务部门(services fiscaux),旨在完成相关登记手续。

3. 将离婚协议交给公证员

离婚协议及其附件应在协议签署之日起**7日内交给公证员**

(《法国民事诉讼法典》第 1146 条第 1 款),经办人是双方律师中最负责任的一位或由配偶双方授权指定之人。

公证员将核实几项内容:

——是否有必要的信息及签名;

——协议中已载明,由于子女尚无辨识能力,因此未告知他/她有权向法官表达个人对父母离婚的意见;

——从离婚协议拟定之日到离婚协议签署之日,严格遵守了 15 日的离婚考虑期规定。

公证员必须审核离婚协议的附件:

——审核是否有未成年人信息表。

——审核是否有认证文书(婚姻财产制的清算,如果适用,那么将涉及以补偿金为名分割的、需要办理不动产登记的财产的认证文书)。

——如果适用,则需审核是否有翻译件。

就工作职责而言,公证员不能代替法官:**公证员不能审核双方对离婚达成的合意,也不能审核协议的内容,协议是否能够实现某种平衡**,这些任务都需要律师来完成。

公证员最多有 15 日来完成其所负责的各项审核工作。(《法国民事诉讼法典》第 1146 条第 3 款)然后,这份包含了离婚协议内容的文书就会被“依序存档”，据此就能确定该文书**具有执行力的具体时间**，这将使该离婚协议书立即生效。(《法国民法典》第229－1条第2款、第3款)将离婚协议存放在公证处并不能使协议变成认证文书。法律并未要求配偶及其律师都须出现在公证员面前才能办理。(2017年1月26日的通报)

公证员应在双方办理离婚后，为双方当事人各出具一份离婚协议存档证明(une attestation de dépôt)，双方可以根据这份证明**在户籍登记簿上载明离婚事项**，也可以向第三人**证明双方已离婚**的事实。(《法国民事诉讼法典》第1147条第1款和第1148条)

(二)诉讼合意离婚的程序

1. 离婚申请的内容

配偶双方可以提交一份**具体的离婚申请**(《法国民事诉讼法典》第1089条)，申请中不必说明离婚的理由。离婚申请应由配偶双方及各自的律师或者他们共同的律师签名，并注明签名日期(《法国民事诉讼法典》第1090条第2款)。这应该是一

个**和谐程序**(la procédure gracieuse)。[60](《法国民事诉讼法典》第 1088 条)

离婚申请应有附件,否则不予受理(irrecevabilité)。附件包括**一份全面规定离婚后果的协议**,尤其要包括**婚姻财产制的清算安排**,或者说明不需清算的声明。(《法国民事诉讼法典》第 1091 条)如果清算涉及不动产登记项目下的财产,清算安排应以公证员在场的认证文书的形式做出。

2. 召集配偶双方

家事法官的书记室会在确定的听审日前至少 15 日,通过平邮的方式召集配偶双方及其各自律师见面。(《法国民事诉讼法典》第 1092 条)法官会单独听取配偶各方的意见,然后召集二人到一起,听取他们的共同意见,再将双方的共同律师或各自的律师叫来。(《法国民法典》第 250 条第 2 款)在律师见证下,法官会审查该申请是否属于不予受理的范围,(《法国民事诉讼法典》第 1099 条)并证实配偶双方的离婚意愿真实,且双方明确做出的离婚表示系双方自愿。(《法国民法典》第 232 条第 1 款)

---

〔60〕 根据《法国民事诉讼法典》第 25 条之规定,和谐程序是没有诉争,只需要根据当事人的情况和案件的性质向法院提交案件。与此相对的是另一种更常见的诉争程序(la procédure contentieuse)。——译者注

家事法官会对明确规定离婚后果的协议进行审查。如果法官确信离婚是配偶双方的真实意愿，且双方明确做出的离婚表示系双方自愿，法官将裁定批准该协议，并宣布双方离婚。（《法国民法典》第232条，《法国民事诉讼法典》第1099条第3款）

如果协议中，子女的利益、部分子女的利益或一方配偶的利益没有得到充分保障，家事法官可以**拒绝批准该协议**，并做出一项新的裁定，法官将中止裁判，直到配偶双方在最多6个月的期限内提交一份新的协议（《法国民法典》第250-2条第2款，《法国民事诉讼法典》第1100条第2款）。法官不可能做出第二次中止裁判的裁定。如果配偶双方没有在限定期限内提交一份新的协议，法官可依其职权做出裁定，离婚申请失效。（《法国民事诉讼法典》第1101条第2款）

3. 救济措施（les voies de recours）

当事人可以提出**上诉**。但批准离婚协议或者宣布离婚的判决除外。上诉须在做出判决之日起15日内提出。（《法国民事诉讼法典》第1102条）

对于批准离婚协议或者宣布离婚的判决，在判决做出之日起15日内，当事人可以**向法国最高法院上诉**。但上诉所产生的中止执行的效力有以下例外情形：法官批准的涉及养老金的协议的处置［在司法分居(séparation de corps)[61]的情况下］、对子女的抚养及教育、亲权的行使。(《法国民事诉讼法典》第1087条)

任一方配偶的债权人在双方当事人在户籍登记上完成离婚登记手续后的一年内，有权提起**第三人异议之诉**(la tierce opposition)。[62]（《法国民事诉讼法典》第1104条）

---

〔61〕 司法分居又被称为天主教的离婚(le divorce des catholiques)，被规定在《法国民法典》第296条，夫妻一方可按离婚的相同情况请求司法分居。——译者注

〔62〕 法国法上，第三人异议之诉指由于案件涉及第三人利益，因此第三人有权就这一权利请求法院保护。任何有权在案件中提起上诉的人无权提起第三人异议之诉。因此，根据《法国民法典》第1421条规定，基于配偶对共同财产享有的管理权，其有权就涉及共同财产的诉讼或者针对共同财产做出的判决提出异议。在离婚诉讼中，配偶一方不能提起第三人异议之诉。就代理而言，对共同财产享有利益并不足以证明存在代理。因此，只享有用益物权之人不能对享有空头所有权之人行使代理权，除非有明确的授权(2010年12月2日民事第二庭，第09-68094号上诉案)。对于在双方当事人合意的情况下，法院做出的司法分居判决，一方配偶的债权人有权依据《法国民法典》第1104条提出第三人异议之诉。任何享有法定权益的人都有权针对法院做出的批准双方财产分割方案协议的判决提出第三人异议之诉，让法官认定该判决不可执行(2016年1月13日民事第一庭，第14-29631号上诉案)。——译者注

三、双方合意离婚外的其他离婚的程序

双方合意离婚外的其他离婚程序有一些共同要素，但三种离婚程序也有各自特有的要素。

（一）其他离婚程序的共同要素

1. 调解阶段

离婚诉讼是只属于配偶双方当事人的诉讼，只能针对配偶提出诉讼。

（1）离婚请求

提出离婚申请的配偶一方通过律师提出**初始起诉状**（la requête initiale），初始起诉状中不需要写明离婚的理由。（《法国民法典》第251条，《法国民事诉讼法典》第1106条）因此，其可以在第二个阶段自由选择据以提出离婚诉讼的对应程序。

初始起诉状中包括了对相关**临时措施**（les mesures provisoires）的请求。这些请求需要附上各自理由的简单说明。（《法国民事诉讼法典》第1106条第1款）

对初始起诉状涉及临时措施的申请，如果法官就此做出了

指令[63],那么当事人就不得对其提出任何上诉。[64] (《法国民事诉讼法典》第 1107 条第 3 款)

(2)试行调解

• 开展试行调解

法官(magistrat)将根据离婚起诉状的情况审查自己是否有**管辖权**,该起诉状**是否可以受理**。

法官首先将和配偶双方分别进行谈话,然后和双方谈话,如果配偶双方要求,将邀请双方律师一起加入谈话。法官应该听取各方配偶对于离婚破裂原则的意见,应在离婚原则和离婚后

[63] 法国法上,指令(l'ordonnance)与判决(le jugement)不同。民事审判中,指令通常是法官针对某一问题做出的临时性的命令。

[64] 《法国民法典》第 254 条对临时措施做出了规定。临时措施,是指家事法官做出的旨在帮助离婚诉讼过程中(法国的离婚诉讼往往需要较长时间),双方当事人应对家庭生活的措施。该措施自家事法官做出指令时生效,双方离婚时终止,但如果双方当事人在指令做出 30 个月内没有提起离婚诉讼的,临时措施也将失效。临时措施可能涉及以下问题:在离婚诉讼阶段,家庭住所由谁居住,子女由谁抚养教育(大多数情况下,由双方共同抚养),是否需要支付扶养费(尤其是家庭住所判定暂由一方居住时),家庭负担双方如何分担等。如果在离婚诉讼过程中出现了新情况和新问题的(比如一方突然失业等),也可以申请变更涉临时措施的指令。另外,需要注意的是,这里法院做出的涉临时措施的指令与法官在处理涉家庭暴力的案件做出的涉紧急措施的指令不同。《法国民事诉讼法典》第 1119 条规定,一方配偶不同意临时措施的,可以申请在指令做出 15 日内提出上诉。这里提及的不得上诉指该指令做出即生效,对该指令的上诉不影响原来指令的执行。Aurélien Bamdé: Précedure de divorce les mesures provosoire, https://aurelienbamde.com/2018/05/23/procedure-de-divorce-les-mesures-provisoires/, 2018. 12. 19. ——译者注

果方面**对配偶双方进行调解**。(《法国民法典》第252条)

如果被告一方不到庭,法官也应与出庭的一方配偶谈话,并提醒他或她三思而行。(《法国民法典》第252－1条第3款)

如果原告仍然坚持离婚,法官将立即做出一道指令,**准许配偶进入离婚程序或者要求配偶**在最长6个月的期限内进行一次新的调解。(《法国民法典》第252条、第252－2条)

如果配偶双方都承认婚姻破裂原则,法官可以认可双方对此达成的合意(《法国民法典》第233条,《法国民事诉讼法典》第1123条)。双方当事人向法官做出的承认婚姻破裂原则这一意思表示不可撤回,也不能就此请求上诉。(《法国民法典》第233条第2款)

当事人可以在收到有关法院管辖权和临时措施的通知之日起15日内对法官做出的调解不成的指令(l'ordonnance de non-conciliation)提起上诉。(《法国民事诉讼法典》第1112条)

- 临时措施

为了**保证离婚诉讼期间家庭的正常生活**,家事法官将在必要时采取临时措施。也就是说,家事法官采取临时措施的情形要么在紧急情况下自提交初始起诉状起,要么在试行调解结束后,要么在诉讼过程中,如有必要,也会考虑配偶双方在友好协

商的情况下已经达成的协议。(《法国民事诉讼法典》第 1117 条)

临时措施的有效期为两年半。(《法国民事诉讼法典》第 1113 条)

2. 严格意义上的诉讼

(1)传唤

自调解不成指令做出之日起**3 个月**内,原告方配偶应传唤(l'assignation)[65]另一方配偶(《法国民事诉讼法典》第 1113 条第 1 款)。如果原告没有传唤对方配偶,那么双方在接下来的**27 个月**中,都有权请求传唤。

(2)反诉

在做出调解不成指令后,一方配偶可以以承认婚姻破裂原则为由,或者以婚姻关系变坏至无法挽回为由,或者以过错为由,进入离婚诉讼或**提起反诉**(《法国民法典》第 257－1 条),除非配偶双方在接受调解时,都已承认婚姻破裂原则,并且法官根据《法国民法典》第 233 条的规定已宣判离婚。

在离婚案件中提出的请求不能用其他案件中的请求**代替**,

[65] 在法国民事诉讼法上,传唤是启动程序的一个单方行为,据此,一方当事人要求另一方当事人到庭参加庭审。传唤由送达官执行。——译者注

《法国民法典》第 247 条、第 247－2 条规定的情形除外。(《法国民事诉讼法典》第 1077 条第 2 款)

——《法国民法典》第 247 条规定了以下离婚途径:在离婚诉讼的任何阶段,配偶双方都可以**以非诉方式,请各自律师订立共同签名的私署文书,办理合意离婚**,并将离婚协议交给公证员审查合格后,依序存档。或者如果有子女在父母离婚程序中主张向法官表达个人对父母离婚的意见时,配偶双方可以向法官提交一份双方同意的、调整离婚后果的协议,并请求法官确认双方为了实现合意离婚而达成的该协议。

——《法国民法典》第 247－1 条则规定了另外一些离婚途径:在离婚诉讼的任何阶段,当离婚是以婚姻关系变坏至无法挽回为由提出时,或者以过错为由提出时,配偶双方可以**请求法官确认双方均承认婚姻破裂原则,并据此宣布双方离婚**。

——《法国民法典》第 247－2 条则规定,如果离婚诉讼是以婚姻关系变坏至无法挽回为由提出的,但被告要求以原告存在过错为由提出反诉,**原告可以找出被告的过错,并修正自己请求离婚的基础**。

(3)不予受理的结果(les fins de non-recevoir)[66]

被告也可以通过行使**事实上的抗辩**(la défense au fond),[67]对离婚请求进行答辩。他或她可以援引婚姻早已解体,或这是一个无效婚姻进行抗辩。

虽然这么做的目的是希望法院判定对方存在过错,但如果**前一个离婚请求**(le divorce antérieur)已经有了无法挽回的结果,这就相当于一个不予受理的结果。

一方配偶的**死亡**也会导致离婚案件不予受理,只要该案尚未有最终结果。实际上,一旦一方配偶死亡,离婚诉讼也就终止。其继承人不能继续推进应由原来的配偶双方参加的诉讼。

如果当事人在起诉离婚的请求中没有**如何处理配偶双方的金钱和财产利益的建议方案**,(《法国民法典》第257-2条)这样的离婚请求将不予受理。但如果这并不构成违反公共秩序的特殊情形,那么法官就不能依职权做出不予受理的结果。

---

〔66〕 不予受理的请求是法国民事诉讼法上的一个专门术语。该术语指的是诉讼中一方当事人可以向法院请求,法院不应受理另一方当事人的诉讼请求,因为其并不满足法定条件,或者主管法院没有对该案的管辖权,或者诉讼时效已过期等。——译者注

〔67〕 在法国民事诉讼法上,事实上的抗辩与原告主张的权利完全相反,否定原告主张权利的事实基础。这种抗辩的特殊之处在于针对纠纷争议的事实进行对抗,而非诉讼形式上的对抗,与程序上的抗辩和不予受理的结果相反。——译者注

(4)受保护的弱势成年人的离婚

受保护的弱势成年人不能通过双方合意的方式离婚,也不能以双方都承认婚姻破裂原则的方式离婚。在其他几种离婚方式中,需要区分以下几种情形(见表 5):

表 5　不同情形下受保护的弱势成年人请求离婚规则

行为能力的类别	谁以无能力者的名义提出离婚请求	在原告请求离婚的案件中,谁来代理无能力者答辩
被监护的成年人	如果有家庭会议,在家庭会议的授权下,由监护人提出离婚请求;或者监护法官结合医学意见授权监护人提出离婚请求; 也可能由法官授权被监护的成年人自行请求	诉讼中,由监护人进行答辩
受保佐的成年人	成年人在保佐人的帮助下自行请求	成年人在保佐人的帮助下自行答辩
受司法保护措施保护的成年人	只有安排有监护人或保佐人后才能提出离婚请求	应安排一位监护人或保佐人

只有在监护法官的授权下,受保护的弱势成年人才能默许接受离婚判决,或者撤回上诉。(《法国民事诉讼法典》第 1122 条)

(5)证明

在离婚问题上,无论是本诉还是反诉,证明责任都由**请求离婚一方**承担。但如果是为了维护婚姻关系辩护,涉及公共秩序时,法官依其职权也有证明责任。

双方当事人可以**自由**选择证明方式:(《法国民法典》第259条)证明、送达官的笔录、书信、证据证词、理性推定(les présomptions de l'homme)〔68〕等。但关于**自由证明原则,也有一些限制:**

——配偶一方不能将通过暴力或者欺诈手段获得的证据材料提交法庭辩论。(《法国民法典》第259-1条)

——无视对他人隐私和住所的尊重,这种情况下制作的笔录不应在庭审中出示。(《法国民法典》第259-2条)

——对于配偶双方提及的伤害,始终不得听取卑亲属的意见。(《法国民法典》第259条、《法国民事诉讼法典》第205条第2款)

——如果配偶达成了和解,双方庭审中提出的事实都不得再作为离婚原因援引。(《法国民法典》第244条)

---

〔68〕 理性推定是法国法上规定的5种证明方式之一。《法国民法典》第1349条规定,推定是指法律或者法官根据已知事实推定未知事实的结果。——译者注

在所有离婚程序中，法官可以下令进行**社会调查**（une enquête sociale）（《法国民法典》第 373 – 2 – 12 条第 1 款、《法国民事诉讼法典》第 1072 条），旨在确定在诉争案件中，最令人满意的**亲权行使方式**是什么。

有辨识能力的未成年人有权在相关程序中，向法官或者为此特别指定的人表达其个人对父母离婚的意见。（《法国民法典》第 388 – 1 条）

（6）离婚判决

关于家庭问题的起诉状都在合议庭（la chambre du conseil）[69]拟定、听审和判决。但在涉及个人的姓、名、离婚事项的判决时，需要公开宣判（《法国民事诉讼法典》第 1074 条）。但是，“涉及离婚原因、后果以及临时措施的法庭辩论不得公开”。（《法国民法典》第 248 条）宣布离婚判决的唯一办法是向公众宣读（《法国民事诉讼法典》第 455 条）。如果案件涉及因为过错请求离婚，配偶双方应向家事法官明确提出，不宣读双方的过错和损害。（《法国民法典》第 245 – 1 条）

---

〔69〕 需要注意的是，法国法上的合议庭与我国所说的合议庭有不同意思。法国法上合议庭处理的案件通常采用不公开的方式，只有在当事人或检察官的要求下，才会公开进行。——译者注

如果法官最终驳回了离婚请求,其有权就双方对家庭负担的分摊、家庭住所,以及亲权行使方式进行裁判。(《法国民法典》第 258 条)

离婚判决具有赋权性。其会解除现有婚姻关系并赋予原来的配偶一个新的身份,也即离异。

离婚的书面公示包括:一方面,在配偶双方的结婚证书的边缘空白处加上离婚事项的批注;另一方面,在配偶双方的出生证书的边缘空白处也要加上离婚事项的批注。(《法国民事诉讼法典》第 1082 条)

(7)救济措施(les voies de recours)

无论是宣布离婚还是驳回离婚请求的判决,当事人都可以上诉。对上诉审中做出的判决,在普通法时效期间(les délais de droit commun)[70]内,还可以**向最高法院上诉**(un pourvoi en cassation)。

配偶双方也可以**接受**判决,放弃上诉[《法国民事诉讼法

---

〔70〕 按照 2008 年 6 月 17 日第 2008 – 561 号法令的规定,对于人身诉讼的普通法时效期间为 5 年。参见《法国民法典》第 2224 条。如前所述,离婚案件的上诉期为 15 日。对上诉法院做出的判决,上诉到最高法院的上诉期也为 15 日。——译者注

典》第 1120 条的相反规定(a contrario)]。他们也可以**撤回上诉**。

离婚判决的效力直到当事人已经**穷尽了所有上诉程序,才会生效**。或者在没有上诉的情况下,上诉期限已届满。但判决暂缓生效的规则不适用于以下判决:涉及行使亲权的、扶养费(la pension alimentaire)、分担抚养教育子女的责任、分担家庭负担,以及为适用《法国民法典》第 255 条之规定[71]所采用的所有措施,这些都具有临时的法律可执行性。(《法国民事诉讼法典》第 1074－1 条)对于向最高法院提出上诉的案件,适用同样的规则。

(二)每种离婚程序的特有要素

每种离婚程序的特有要素是上述共同法律程序的例外。

[71] 《法国民法典》第 255 条规定:"法官尤其可以…… 3. 就夫妻双方分开居住(与司法分居不同)的方式做出裁判;4. 分配双方当事人居住的住宅,或者当事人使用的家具,以及是否无偿使用或需要补偿另一方,确认双方就此达成的协议;5. 命令交回个人衣物;6. 确定配偶一方应向另一方支付的扶养费及先行支付的诉讼费用,或指定一方先行清偿债务,或双方共同负担债务;7. 如有必要,同意预先给予一方配偶在共同财产制清算时可以主张的权利;8. 就共同财产或共有财产的使用或管理分配做出裁判,但第 4 项所指财产除外,并以保留夫妻双方在夫妻财产制清算中的权利为条件……"——译者注

1. 接受婚姻破裂原则时的离婚

法官应征求配偶双方是否都接受婚姻破裂原则。(《法国民法典》第 233 条)法官会要求双方提交一份**离婚后果安排方案**,以便案件审理。(《法国民法典》第 252 – 3 条第 2 款)

《法国民法典》第 253 条规定,配偶双方只有在各自**律师**帮助下,才能做出接受婚姻破裂原则的意思表示,并通过承认婚姻破裂原则由法院宣判离婚。

根据时间和地点的不同,当事人可以采用不同的方式承认婚姻破裂原则:

——**在调解阶段,配偶双方都表示承认**:承认婚姻破裂原则的意思表示将立即记录在法官制作的笔录中,由配偶双方及各自律师当场签名,并作为法官做出的指令的附件。(《法国民事诉讼法典》第 1123 条第 2 款)

——**调解不成后,进入诉讼阶段前,配偶双方表示承认**:各方配偶可以通过亲自签名的文书,宣布自己承认婚姻破裂原则,不考虑造成婚姻关系破裂的原因。(《法国民事诉讼法典》第 1123 条第 3 款)

——**进入诉讼阶段后,配偶双方表示承认**:在这种情况下,应按照《法国民法典》第 247 – 1 条规定的办法提出申请,确认

双方承认婚姻破裂原则的意思表示。(《法国民事诉讼法典》第1123条第5款)

2. 因为婚姻关系已变坏至无法挽回的离婚

这类离婚所特有的一个程序特点是申请离婚的理由是配偶双方**结束了共同生活**,并持续了二年的时间。这种持续二年的结束共同生活的状态既体现在具体事实方面,又体现在情感方面。法官不能依职权主动提出分居二年的时间要求尚未满足,除非被告不能到庭。(《法国民事诉讼法典》第1126条)诉讼费用原则上由原告承担,除非法官做出相反判决。(《法国民事诉讼法典》第1127条)

3. 因为过错离婚

配偶双方可以请求法官,不公布双方当事人的过错和所遭受的损害。(《法国民法典》第245－1条)在这种情况下,家事法官的职责仅限于证实是否存在属于这一离婚理由的事实。(《法国民事诉讼法典》第1128条)

被告方可以提出**反诉**(la demande reconventionnelle)来反驳主诉,主张原告自己存在过错。(《法国民法典》第245条第2款)或者被告不否认自己的过错,但尝试证明原告存在过错。如果双方的诉讼请求都得到法院的认可,那么将以**双方都有过**

错(torts partagés)为由宣布双方离婚。只有当过错符合构成这一离婚理由的法定情形时,所证明的过错才能推导出法院认定双方都有过错的结果。

一方配偶客观上的过错态度可以通过另一方的行为得到谅解。这属于一种事实上的抗辩,而不是反诉。(《法国民法典》第245条第1款)如果原告有《法国民法典》第242条规定的情形时,[72]被告一方可以**主张原告存在过错**。原告过错的发生时间必须要先于被告的过错。

当主诉和反诉中提出的诉讼请求同时得到了法官的认可,法官将宣布这是**双方都有过错**的离婚。

如果没有反诉,但法官证实配偶双方都有过错,那么法官可以依职权宣布这是双方都有过错的离婚。(《法国民法典》第245条第3款)在这种情况下,配偶双方的过错责任都得到了减轻。

如果法官驳回了离婚的诉讼请求,法官可以通过规定家庭负担的分摊方式、家庭的住所和行使亲权的方式,重新组织该家庭的生活。(《法国民法典》第258条)

---

〔72〕 这是指可归责的屡次或严重违反婚姻义务的情形。——译者注

第九章　离婚的法律后果

离婚自其确定之日起生效,但根据利益相关者、配偶及第三者的不同,离婚生效的时间存在差异。离婚生效后,在夫妻人身关系、夫妻财产关系和离婚后父母子女关系方面,离婚都有明确的法律后果。

家事法官有权力处理离婚诉讼的后果。如果离婚是通过非诉程序完成的,那么离婚的法律后果将由双方订立的协议进行调整。

一、离婚生效之日

根据具体情况的不同,离婚生效之日不同。如果配偶双方是通过律师以共同签名的私署文书订立离婚协议的方式离婚，那么自该协议获得执行力之日起，婚姻解体；如果配偶双方是通过法院宣布双方离婚的判决离婚，那么自该判决产生既判力（force de chose jugée）之日起，婚姻解体。（《法国民法典》第260条）

（一）原则

1. 配偶之间

如果离婚**是无争议的**，那么这将对配偶之间的财产产生法律效力：

——当合意离婚是通过**诉讼**途径办理的：自法院认可调整所有离婚后果的协议之日起，离婚生效，除非另有规定。（《法国民法典》第262－1条）

——当合意离婚是通过**非诉**途径办理的：自调整所有离婚后果的协议产生执行力之日起（也即自该协议提交到公证员处审查合格，依序存档之日起），离婚生效，除非协议对此另有规定。

如果离婚是**有争议的**，也即通过承认婚姻破裂原则，或者因为婚姻关系已变坏至无法挽回，或者因为过错被法院宣判离婚，当调解不成的指令做出之日起，对配偶双方的财产产生效力。

2. 对于第三人

自在配偶双方的户籍登记的边缘空白处载明离婚信息之日起,离婚判决对第三人产生对抗效力,(《法国民法典》第262条)不论是哪种离婚。

(二)对关系的调整

对于婚姻解除之日,《法国民法典》第262条和第262-1条规定的原则[73]有两个例外。

1. 配偶之间

如果离婚是通过诉讼途径完成的,配偶双方在离婚诉讼中,都有权要求在判决中明确将双方**停止同居和家庭合作**之日作为离婚生效时间。(《法国民法典》第262-1条、《法国民事诉讼法典》第1442条第2款)

停止家庭合作与停止同居一样,证明责任应由原告承担。当事人可以通过所有证明方式进行证明。

如果遇到提前开始清算(report)的情况,婚姻解体的效力可以溯及双方事实上分居之日。但这一效力只及于配偶双方:在涉及第三人时,提前开始清算不会产生这种法律效力。

---

〔73〕 这里指离婚生效的法律规则,参见上文。——译者注

2. 与第三人的关系

《法国民法典》第 262 – 2 条规定，“在提交初始起诉状后，一方配偶缔结的由共同财产承担的所有债务，在个人权利范围内做出的涉及共同财产的任何让与行为，一经证实对另一方配偶的权利有欺诈行为的，均属无效”。这一条文只涉及法定共同财产制，只适用于由一方配偶有权单独完成的民事行为。如果第三人对于一方配偶的欺诈行为不知情，对于该第三人而言，该行为将被视为合法行为，只对受欺诈的一方配偶不具有对抗力。这一规定不适用于合意离婚，不论是诉讼途径的合意离婚还是非诉途径的合意离婚。

二、离婚的人身效力

婚姻解体将产生一系列的人身效力。离婚也将对前配偶的姓名产生相应的法律后果。

(一) 婚姻的解体

离婚使配偶间具有**互惠性的权利和义务**终止。

配偶双方都可以**再婚**。(《法国民法典》第 263 条)

同居义务消灭。同时,据此产生的亲子关系推定也不再适用。

离婚后,**父母子女间的权利义务**仍保持不变。(《法国民法典》第286条)

离婚同时使配偶间的**姻亲关系消灭**。因此,离婚将导致姻亲的扶养义务终止。但离婚并不解除某些禁止结婚的效力。因此,对于直系姻亲,禁婚效力仍保持不变,但旁系姻亲的禁婚效力消灭。

(二)离婚配偶的姓氏

一旦离婚,配偶双方可以重新使用自己的姓氏,但一方配偶也可以保留另一方配偶的姓氏,只要这符合其个人或子女的**特殊利益**。保留另一方配偶的姓氏要么须征得前配偶的同意,要么应获得法官的批准。(《法国民法典》第264条)

三、配偶之间的财产效力

离婚将产生多方面的财产效力。

(一)补偿金和救助义务

1. 补偿金(la prestation compensatoire)

补偿金的目的是针对离婚给配偶双方各自生活带来的**差异进行补偿**。(《法国民法典》第270条)获得补偿金的权利并非来自离婚一方的过错或双方均有过错。但是,如果出于**公平**需要,也即法官要么认为存在《法国民法典》第271条规定的各种情形,要么由于其宣布的离婚(无论何种离婚情形)中,过错全在补偿金申请人一方时,考虑到婚姻破裂的具体情形,法官可以拒绝授予补偿金。

为确定补偿金的**数额**。法官要评估**配偶双方的经济来源和需要**,并考虑下列因素:(《法国民法典》第271条)婚姻关系存续期间的长短;配偶双方的年龄和身体健康状况;配偶双方的职业资质及职业现状;共同生活期间,配偶一方为子女教育所做职业选择带来的不利后果等。评估时要同时考虑双方现有的情况,以及可预见的未来的情况。

在合意离婚的情况下,补偿金的数额及方式可在法官**认可的离婚协议**中确定。(《法国民法典》第278条)

除合意离婚以外,配偶双方也可以以**协议**的方式确定补偿金的数额和方式。在这种情况下,一般适用于合意离婚的《法

国民法典》第 278 条、第 279 条对配偶双方同样具有约束力。（《法国民法典》第 268 条、第 279－1 条）

原则上，补偿金以**资金**的方式支付。法官可以确定这笔资金的支付方式，要么采取现金的方式，（离婚判决可能也会适用《法国民法典》第 277 条规定的担保制度）要么采取分得所有权或者临时使用权或终身使用权（le droit d'usage）、居住权或其用益权（le droit d'usufruit）的方式。这些判决将产生有利于债权人配偶的强制转让效力（《法国民法典》第 274 条）。要分割债务人配偶以继承或受赠所得财产的所有权，须征得债务人配偶一方的同意。

如果债务人配偶不能以资金方式支付补偿金，那么他可以选择最多 8 年期限的**分期支付**方式支付补偿金，但是，他也可以以资金的方式先行支付一部分。（《法国民法典》第 275－1 条）唯一例外的是，特殊情况下，补偿金也可以**以终身定期金**（rente viagère）**的方式**支付。

在分期支付的情况下，如果债务人配偶有重大情势变更，可以**变更支付方式**（但补偿金的数额不变）。（《法国民法典》第 275 条第 2 款）法官可以通过写明理由的特别判决规定补偿金以超过 8 年的更长期限进行支付。但这种支付方式的变更不得

超过法官最初确定的定期金的数额。(《法国民法典》第 276 – 3 条第 2 款)

《法国民法典》第 276 – 4 条的规定提供了另一种方式,即**以定期金方式代替资金方式**支付补偿金。补偿金的债务人配偶可以在任何时候提出这一请求。补偿金的债权人配偶同样可以提出这一请求,只要债务人配偶的情况发生改变,允许当事人提出这种代替办法,尤其是在清算婚姻财产制时。

在通过非诉途径合意离婚的情况下,"以终身定期金的形式规定扶养费和补偿金的协议应约定**收回债权的方式、变更债权的办法**,以及违反上述约定时的刑事制裁措施"。(《法国民事诉讼法典》第 1144 – 4 条)这一规定回应了《法国民法典》第 279 条第 5 款之规定,[74]这一款规定提到了第 279 条第 3 款、第 4 款。《法国民法典》第 279 条的规定主要适用于第 275 条第 2 款、第 3 款,第276 – 3 条,第 276 – 4 条,第 280 条,第 280 – 1 条和第 280 – 2 条规定的诉讼途径办理的合意离婚。

在补偿金的**债务人配偶一方死亡**的情况下,《法国民法典》规定了可从遗产中扣减(prélèvement)支付补偿金的原则。

---

〔74〕《法国民法典》第 279 条第 5 款规定,本款的前两款规定也适用于非诉合意离婚的情形。——译者注

(《法国民法典》第280条)

尽管这不是继承人的个人责任,但支付义务由所有继承人在遗产范围内承担。如果遗产不足清偿,由所有特定受遗赠人(le légataire particulier)[75]依其分得财产按比例清偿。超过遗产数额,则不再给付补偿金。如果补偿金确定以分期的形式支付,那么尚未支付的补偿金余额应立即支付。如果是以临时定期金或永久定期金支付,那么将以一笔立即支付的资金代替之。但是,全体继承人也可以共同决定保持原来由债务人配偶一方承担的补偿金的支付形式不变,由个人承担对此补偿金的支付义务。(《法国民法典》第280-1条)各继承人达成的这一统一意见应经认证文书确认。一旦债权人配偶未介入此行为,则自通知债权人配偶之日起,对第三人产生对抗力。继承人因此也享有债务人配偶方所享有的变更支付方式的权利。

2. 救助义务

《法国民法典》第270条在其第1款规定,"离婚导致配偶

---

〔75〕 特定受遗赠人指通过遗嘱,指定特定财产(比如指定的不动产,汽车、艺术品等动产)由其继承的受遗赠人。与特定遗赠(legs particulier)相对的是概括遗赠(legs à titre universel)。概括受遗赠人需要承担遗赠人的债务,而特定受遗赠人在一般情况下,无须承担遗赠人的债务。参见《法国民法典》第1010条关于概括遗赠的相关规定。——译者注

间的救助义务终止",无论离婚的原因是什么,配偶间的救助义务都因离婚而消灭。

(二)损害赔偿(les dommages-intérêts)

如果双方是以婚姻关系变坏至无法挽回被判决离婚,且该案的被告自己没有提出离婚请求,或者因为过错全在对方配偶而被判决离婚时,被告方可获得损害赔偿。**为修复**一方配偶因为婚姻解体的事实而**遭受的特别严重后果**,该配偶也可获得损害赔偿。这一请求只能在离婚诉讼中提出。(《法国民法典》第266条第2款)对于损害赔偿的请求,适用普通法上的证明责任:申请人应证明对方配偶存在过错,自己遭受了损害,且二者存在因果关系。损害可以是物质损害或精神损害,且该损害导致婚姻解体。

(三)住房

在诉讼中,法官有权判令配偶一方享有家庭住房及家具的使用权,或者双方共享家庭住房及家具的使用权,如有必要,无须付费(《法国民法典》第255-4条)。在判决离婚时,无论离婚属于何种类型,如果家庭房产属于一方配偶特有财产或个人所有,在以下三个条件下,法官可以判令其前配偶享有承租权:由其前配偶单独行使亲权或由双方共同行使亲权;这是双方子

女的惯常住所,子女应在该住所继续居住;子女利益要求做出这样的判决。(《法国民法典》第 285 – 1 条)

(四)婚姻福利(les avantages matrimoniaux)[76]与赠与(libéralités)

有关婚姻福利的相关规定不再与离婚类型或婚姻中任一方配偶承担的过错责任有关。

《法国民法典》第 1096 条在其第 2 款中规定了**配偶间现有财产的赠与具有不可撤销性**这一原则。《法国民法典》第 265 条在其第 1 款也同样规定了**在婚姻存续期间生效**的婚姻福利,比如,一方配偶将个人特有财产贡献给婚姻共同体,这一婚姻福利不可撤销。即使在离婚协议中加入了与此相关的解除条款。无论离婚原因是什么,以及配偶双方的过错对离婚的影响,婚姻福利及对现有财产的赠与原则上将自动维持其效力。(《法国民法典》第 265 条第 1 款)只有具有普通法的一般原因时,才可

---

〔76〕 avantage 在法律中指特别赠与,这里为和后面的赠与相区别,译为了婚姻福利。See Henry Saint Dahl, *Dahl's Law Dictionary*: *Français-Anglais/French-English* (3*rd edition*), New York: William S. Hein, 2007, p. 32. ——译者注

能撤销。(《法国民法典》第 953 ~ 958 条)[77]

“配偶之间在婚姻期间完成的未来财产的赠与行为可以撤销。”(《法国民法典》第 1096 条第 2 款)死因财产处分行为(les dispositions à cause de mort),比如,遗产,或者在婚姻存续期间或结婚协议中,一方配偶同意向后死亡配偶所做的赠与,按照法律规定,在离婚时自动撤销,无论离婚的原因是什么。(《法国民法典》第 265 条第 2 款)对于在**离婚时生效的**或一方配偶死后生效的婚姻福利也一样,比如,先取权条款(la clause de préciput)[78]

---

〔77〕《法国民法典》第 953 ~ 958 条主要规定了撤销生前赠与的三种理由:生前赠与,只能因不履行对赠与规定的条件,受赠人有负义行为,以及赠与人事后有子女出生而撤销。其中第 955 条规定,仅在以下情形中,始得以受赠人有负义行为之原因撤销赠与:受赠人杀害赠与人;受赠人虐待、侮辱赠与人,或对赠与人实施轻罪;受赠人拒绝扶养赠与人。第 956 条则规定了因不履行对赠与规定的条件或因受赠人有负义行为撤销赠与,均不得当然发生。第 957 条第 1 款规定了撤销权的权利行使期限,即因受赠人有负义行为而主张撤销赠与的诉讼请求,应当在赠与人指控受赠人有违法行为之日起一年内提出,或者在赠与人发现此种违法行为之日起一年内提出。——译者注

〔78〕先取权条款这种婚姻福利是指在结婚协议中规定,一方配偶死亡时,部分或全部共同财产归生存配偶所有。在规定了先取权的情况下,一方死亡时,先取权涉及的财产部分不再属于死亡配偶的遗产。相关条款参见《法国民法典》第1515 ~ 1519 条。注意这里的先取权条款和扣减条款的不同。扣减条款(la clause de prélèvement,也有学者将其译为先取权条款,为与正文中所述的先取权条款相区别,译者在这里将其译为扣减条款)被规定在《法国民法典》第 1511 条。后者主要指在某些情形中,比如涉及补偿金时,生存配偶可以从共同财产中扣减部分份额。——译者注

或者平等分享条款(la clause de partage égal)。[79] 但是,如果法官在判决离婚时,对于一方配偶的这一意愿进行了确认,那么其所做出的死因财产处分的效力就将一直保持下去。经法官确认的赠与就变成不可撤销之赠与。

(五)婚姻财产制的清算

涉及家庭法的简化和现代化的 2015 年 10 月 15 日第 2015－1288 号法令修订了婚姻财产制的清算方式。2016 年 2 月 23 日第 2016－185 号法令对这一新的法律内容做了进一步完善。

在合意离婚的情况下,清算方式由双方当事人在调整离婚法律后果的**协议中约定**。在其他情况下,婚姻财产制要么在离婚过程中得以清算,要么在判决离婚后得以清算。但是,配偶双方应在离婚诉讼进入传唤阶段时,向法官提交一份**清算婚姻财产制的计划**。

在有争议离婚的范围内,配偶双方有权在征得法官的同意

〔79〕 这一婚姻福利主要被规定在《法国民法典》第 1520～1525 条中,指配偶双方可以按照双方协商的结果自由确定分享共同财产的份额,不用严格遵守法律规定的分享份额。假如一方配偶的份额只有 1/3,那么其所承担的共同债务的份额也不超过 1/3。——译者注

后，向法官提交**一份调整全部或部分离婚后果的协议**。（《法国民法典》第 268 条）这一规定允许法官用一种全面的方式认同配偶双方在离婚中涉及的家庭财产利益和家庭财产外的利益。

《法国民法典》第 267 条[80]的规定，一方面强调了离婚判决和前配偶之间财产分割的分离原则，另一方面也允许家事法官可以**从整体上对配偶的家庭财产利益进行清算和分割并做出判决**。自 2016 年 1 月 1 日起，法官可以根据当事人的申请，在双方当事人无法达成一致时，在《法国民事诉讼法典》规定的条件下，就双方当事人的家庭财产利益进行清算和分割并做出判决。（《法国民事诉讼法典》第 1361～1378 条）为此，一方面，双方当事人应提交一份**同意进行司法分割的联合声明**，明确指出配偶双方之间的分歧；另一方面，根据《法国民法典》第 255 条第 10 款的规定，由指定的公证员草拟一份共同财产清算分割方案。（《法国民法典》第 267 条第 2 款）事实上，在所有类型的离婚中，在调解问询中，“法官有权……9. 指定所有有资质的专业人士为配偶双方的财产利益的分割问题制作估算的财产清册，或者提出建议；10. 指定一名公证员，制作婚姻财产制的清算方

---

[80] 该条在 2015 年 10 月 15 日的法令中被重新修订。——译者注

案和财产分割方案”。(《法国民法典》第 255 条)

如果配偶双方没有达成共同财产分割协议，根据相关配偶的请求，法官也可以判令继续维持共有关系、优先分配，还可能判令从共同财产或不可分财产中优先支付一部分。(《法国民法典》第 267 条第 1 款) 根据适用于配偶双方的婚姻财产制类型，法官甚至可以依职权做出上述判决。(《法国民法典》第 267 条第 5 款)

(六) 其他财产上的效力

离婚带来的其他财产上的效力有以下几种：

——自离婚判决发生既判力(force de chose jugée)时，配偶之间的**继承权**消灭；(《法国民法典》第 732 条)

——“离婚不影响配偶双方依据法律所享有的权利或和第三人约定的**协议**中的权利”；(《法国民法典》第 265－1 条)

——《法国社会保障法典》(Code de la sécurité sociale)第 L. 353－3 条规定，离异又未再婚的前配偶在一定条件下将以生存配偶对待，以适用有关**生存配偶养老金**(pension de réversion)〔81〕的规定；

〔81〕 生存配偶养老金指一方配偶死亡时，将死亡配偶的养老金中的一部分支付给生存配偶。——译者注

——如果离异配偶未享有其他的医疗保险和生育保险，那么在某种情形下，离异配偶及依赖其生活的家庭成员有权获得**性质上属于医疗保险的补助金**；（《法国社会保障法典》第 L. 161－15 条）

——如果前配偶在**工作中意外**死亡，且生存配偶或已办理司法分居的配偶在领取扶养费，那么生存配偶或已分居的配偶可以获得一笔年金。（《法国社会保障法典》第 L. 434－8 条第 2 款）

四、离婚对父母子女关系的效力

父母离婚必然带来亲权行使方式的调整，同时离婚时必须确定配偶双方如何分担抚养子女责任的问题。

（一）亲权

2002 年 3 月 4 日的法令规定了无论父母是什么身份，双方应共同行使亲权的原则。（《法国民法典》第 372 条第 1 款）但在一些特殊情况下，亲权可能只能由单方行使或子女可能被托付给了第三人。

在合意离婚的情况下，双方达成的离婚协议已经约定了亲权行使的方式。在其他方式的离婚中，离婚后果将在离婚判决中予以调整，这就包括了**亲权行使的方式**，以及父母对子女抚养和教育义务的分担。父母可以就亲权行使方式达成相关协议，并请求法官批准该协议，从而使该协议具有约束力（force obligatoire）。

在父母分居的情况下，未与子女共同生活的一方父母有权探望并让子女在自己的住处居住，只有有重大理由时，另一方才有权拒绝其行使这一权利。（《法国民法典》第373－2－1条第2款和第373－2条）从2002年3月4日的法令开始，儿童可以在双方父母的住所**轮流居住**。

（二）配偶双方分担对子女的生活保持义务

自家没有子女的惯常住所或者没有行使亲权的一方配偶应根据自己和对方配偶的经济收入，对子女的生活和教育承担自己的责任。

抚养费（la pension alimentaire）的支付方式及担保由调整合意离婚法律后果的离婚协议规定；或者在没有该协议的情形下，由法官批准的协议规定。

如果抚养费的债务人经济状况允许，可以将抚养费**一次性**

支付到第三方某个认证机构的手中，再由认证机构负责将指定数额的年金交给子女；或者放弃某项财产的用益权；或者划出一笔能产生收益的财产。（《法国民法典》第 372－2－3 条）如果这还不足，可以继续以抚养费的名义请求给付。

扶养费（la pension alimentaire）并不仅仅与未成年子女有关。

第十章　司法分居

司法分居是配偶双方通过司法判决的方式获得相应授权，免除双方共同生活的义务。司法分居的情形和程序参照离婚的相关规定。

司法分居区别于事实分居：后者是配偶双方或单方决定后，分开居住。司法分居的当事人不能通过和平的手段解决他们的分居问题。但根据《法国民法典》第 376 – 1 条的规定，家事法官可以考虑双方达成的、有关如何行使亲权和教育未成年子女的协议，除非一方能够证明存在重大理由，应允许他或她撤回其就此做出的同意。

一、司法分居的情形

司法分居的情形和通过诉讼离婚的情形一样(《法国民法典》第296条)。是选择离婚还是选择司法分居,选择权在原告一方。如果是配偶双方共同请求,那么则由双方共同决定。无论有任何理由,法官都不能用离婚请求代替司法分居,除非当事人主动请求,比如在调解阶段,双方表达了这一愿望。

法院可以在4种情形下宣布双方司法分居:

——**过错**:不应以这些过错对婚姻关系的损害没有那么严重为借口,认为这里要考虑的过错不及离婚情形下的过错那么严重。事实上,司法分居判决做出后已满二年的,只需一个简单的申请,司法分居就可以转为离婚。

——**婚姻关系已变坏至无法挽回**。

——**双方合意**:在这种情况下,只有在双方合意的情况下,才能由司法分居转为离婚。

——承认**婚姻破裂原则**。

二、司法分居的程序

司法分居的程序**和离婚程序相同**。(《法国民法典》第 298 条,《法国民事诉讼法典》第 1129 条)

对于一方配偶提出的离婚起诉状,另一方可以以**请求司法分居的反诉**进行答辩。但这一原则有一个限制:如果离婚的本诉是建立在婚姻关系已变坏至无法挽回的情形上,那么反诉只能请求离婚。(《法国民法典》第 297 条)

对于请求司法分居的起诉状,另一方配偶可以以**请求离婚的反诉**进行答辩:(《法国民法典》第 297 条末尾)原则上,法官首先应审核离婚的诉讼请求。如果符合离婚的条件,那就判决双方离婚;如果不符合离婚的条件,法官将根据司法分居的诉讼请求进行裁判。但例外的情形是,如果离婚的诉讼请求和司法分居的诉讼请求都是建立在过错基础上的,那么法官将同时审查这两个诉讼请求。在这种情况下,如果符合离婚的条件,法官将判决这属于双方均有过错的离婚。

以离婚起诉状提起诉讼的配偶一方可以在离婚诉讼中转而

请求司法分居。(《法国民事诉讼法典》第1076条第1款)但以请求司法分居提起的诉讼中,当事人却不能转而请求离婚。(《法国民事诉讼法典》第1076条第2款)

在司法分居程序中,和离婚程序一样,一方配偶也可以提出相关**保护措施**(mesures conservatoires)的请求。

三、司法分居的效力

根据《法国民法典》第299条之规定,"司法分居不解除婚姻关系",只是降低了婚姻关系的要求。

(一)人身关系的效力

司法分居终止了**共同生活的义务**:(《法国民法典》第299条)配偶双方有权选择自己的住所,并且双方在各自的住所内都不再有接纳另一方居住的义务。

配偶可以保留另一方的**姓氏**,除非司法分居的判决或者之后的判决明确禁止保留另一方的姓氏。(《法国民法典》第300条)

司法分居后的**通奸行为**可以在以过错为由的离婚请求中援

引为过错，尽管法官对于这一问题采取了越来越灵活的态度，尤其是不忠行为发生在司法分居判决很久之后。

在父母子女关系方面，司法分居和离婚具有同样的后果。

（二）财产关系的效力

1. 救助义务的保持

司法分居期间，救助义务保持不变。根据这一义务，如果一方配偶处于困境之中，那么另一方配偶就有义务按照司法分居的判决或之后的判决确定的**扶养费**支付给对方，（《法国民法典》第303条）不考虑过错问题。但债务人配偶也可以援引《法国民法典》第207条第2款的规定，如果“债权人配偶在向债务人配偶履行婚姻义务时，存在重大不足”，那么可由法官免除其应负的债务。（《法国民法典》第303条第2款、第207条第2款）这一扶养费请求受扶养之债的法律调整。（《法国民法典》第303条第3款）但如果债务人配偶的资产状况允许，这一扶养费也可以全部或部分由一笔资金代替。（《法国民法典》第303条第4款）

扶养费可以根据债务人的需要进行变更。

2. 赠与、婚姻福利和继承

司法分居后配偶双方间的赠与和婚姻福利**与离婚后果中的**

相关规定一样。(《法国民法典》第 266 条及以下条文)

司法分居中的一方配偶死亡时,生存配偶享有法律规定的生存配偶应享有的权利。(《法国民法典》第 301 条)如果双方是以合意的方式被判令司法分居,双方可以在达成的协议中加入各自放弃配偶继承权的条款。(《法国民法典》第 301 条末尾)

3. 婚姻财产制的终止

司法分居使婚姻财产制得以终止:“司法分居必然导致**财产分割制**。”(《法国民法典》第 302 条第 1 款)根据调整离婚和司法分居不同类型的法律规则,司法分居的判决在配偶之间生效的时间也有不同。(《法国民法典》第 262－1 条)

——在**合意司法分居**的情况下:自法官整体认可调整司法分居后果的协议之日起生效,除非有相反规定;

——在承认**婚姻破裂原则,婚姻关系已变坏至无法挽回或因过错被判决司法分居的情况下**:自规定有配偶分开居住内容的调解不成的指令做出之日起生效。

(三)司法分居的终止

1. 死亡

死亡导致**婚姻解体**,同时也导致司法分居终止。

2. 和解

根据《法国民法典》第 305 条之规定，和解意味着双方**重新恢复共同生活**，这种共同生活的恢复要么通过公证登记确认，要么由户籍登记官在双方当事人结婚证书和出生证书的边缘空白处记载相关事项，宣布双方恢复共同生活。实践中，很少通过这种方式终止司法分居，因为这种方式只有一个目的，也即使司法分居的终止能够对第三人产生对抗的效力。

如果只有一方配偶有重新恢复共同生活的意愿，这不能构成和解。和解必须是配偶双方对于恢复共同生活在个人**意愿**上达成了**一致**。双方可以继续保留适用财产分割制，除非双方根据《法国民法典》第 1397 条的规定，请求变更婚姻财产制。[82]

3. 从司法分居转为离婚

司法分居是一种临时状态。司法分居可以通过两种方式转变为离婚。

(1) 通过单方意愿转为离婚

无论是通过何种方式判令司法分居，一方配偶都可以通过

---

〔82〕 配偶双方可通过公证的方式在夫妻财产制实施两年之后请求变更夫妻财产制。在变更前，需要对前一夫妻财产制进行清算。更多内容可参见《法国民法典》第 1397 条的规定。——译者注

单方意愿将司法分居转为离婚,但通过双方共同请求,被法院判令司法分居的情形除外。(《法国民法典》第 307 条第 2 款)

自司法分居判决生效之日起满**二年**的,一方配偶就可以依自己的单方意愿请求将司法分居转为离婚(《法国民法典》第 306 条):只要满足条件,要求这种转变就是**当事人的权利**。

家事法官对此类案件具有管辖权。请求将司法分居转为离婚将按照诉讼程序进行受理、听审和判决。(《法国民事诉讼法典》第 1131 条第 1 款)在请求转为离婚的诉讼程序中,不接受任何反诉,除非是关于离婚后果的反诉。(《法国民事诉讼法典》第 1131 条第 2 款)

像所有离婚一样,司法分居一旦转为离婚,**婚姻解体**。扶养费终止。如果还有,那么扶养费最终由补偿金代替。

(2)通过双方合意转为离婚

所有类型的司法分居都可以在双方达成合意后请求将其转为离婚,无论其原因和归责问题如何。在这种情形下,双方当事人无须等待二年期限的届满,但必须要有**二人的合意**。通过双方合意被判决司法分居的情况下,只能通过双方合意的方式申请将其转为离婚。(《法国民法典》第 307 条)但是,任一方配偶也可以选择一个除请求司法分居的理由之外的其他理由,提出一个“普通的”离婚请求。

通过双方合意请求将司法分居转为离婚适用法律规定的合意诉讼离婚程序。(《法国民事诉讼法典》第 1132 条、第 1133 条)当事人提出的申请应同时包括以下内容:离婚申请、司法分居判决,同时附上有关离婚后果的协议。缺少材料将导致案件不予受理。离婚申请和协议都应由双方当事人及其律师签名,并注明日期。法律没有强制要求双方当事人必须到庭。法官也可以和律师一起审查双方达成的协议。如果认为合适,法官将批准该协议,否则,法官将要求配偶双方在一个月内修改原来的协议,并提交一份新的协议。

这种情况下司法分居转变为离婚的效力和合意离婚的效力一样。

第二编　父母子女关系

第十一章　亲子关系的建立和证明

《法国民法典》规定了建立亲子关系的三种方式：法律推定，自愿认领，通过公证登记确认身份占有关系。(《法国民法典》第310－1条第1款)此外，亲子关系也可以通过司法判决得以建立。非婚生子女的合法化问题已经被删除。

《法国民法典》第311条规定，对于在出生之日前**第300日到第180日**(包括第300日和第180日)受胎的子女为法律推定的子女。(《法国民法典》第311条第1款)这一期限是以天来表示，计算也用天计算，而不是小时，从一天的零时到午夜十二时。

“如果这一请求是为了子女利益”，那么受胎时间可以确定为这一期间内的任何一个时刻：(《法国民法典》第311条第2

款)这一法律推定被称为“任何一个好时机”规则(omni meliore momento)。

原告可以采用一切方式证明其妊娠期更长或更短。

一、通过法律推定建立亲子关系

在某些情形下,一方面,法律允许自动建立母子关系;另一方面,法律也允许自动建立父子关系。

(一)母子关系

“对于母亲而言,一旦**在子女的出生证书上标明身份**,母亲和子女的亲子关系就得以建立。”(《法国民法典》第 311 – 25 条)《法国民法典》第 316 条规定,允许不愿将自己的名字登记在儿童的出生证书上的母亲,也即**以 X 的名义**分娩的母亲,在法定期间(2 个月)内反悔,愿意重新建立亲子关系的,可以认领子女。

出生证书构成一种**身份证明**。该证书推定登记的生母为分娩儿童的母亲。户籍登记官不用对申报者登记的事项进行再次验证。申报内容的错误可以通过所有方式予以证明。出生证书不能证明登记信息和真实情况的一致性。事实上，任何人都可以去办理出生证书。身份占有则能够证实一个人的真实身份。

任何利益相关者可以通过一切方式对出生证书提出**异议**。

任何人都不能认领由已婚配偶生育、**在婚姻期间受胎或出生的子女**。因此，这种认领就不能作为一种证明形式。唯一可以证明在婚姻期间受胎或出生的子女的亲子关系的是出生证书。"只要出生证书没有在法庭上被质疑，那么合法建立的亲子关系就是想要建立一个与此不同的亲子关系的法律障碍。"（《法国民法典》第 320 条）

（二）父子关系

1. 父子关系推定的适用范围

法律推定父子关系是**婚姻的基础效力**之一。（《法国民法典》第 312 条）法律允许推定，"对于在婚姻期间受胎或出生的子女，婚姻中的丈夫就是其父亲"（pater is est quem nuptiae demonstrant）。所以，在户籍上登记并指明了母亲为妻子的儿童就是丈夫的子女。如果出生证书上没有登记丈夫的名字，可以通过户籍登记进行简单增补。

《法国民法典》第 6 –1 条排除了在已婚的**同性伴侣**间适用父子关系法律推定。

以往,关于父子关系的推定几乎无法否认。现在,科技的进步的确可以排除某些当事人之间的亲子关系,比如丈夫与子女不存在亲子关系,因此,无法否认父子关系推定的情况变得越来越少。

父子关系的推定适用于在婚姻中出生的子女。婚姻中的父亲想要否认亲子关系的必须借助于**父子关系异议**的一般规定提出诉讼。[83]（《法国民法典》第332条及其以下的条款）

2. 父子关系推定的例外

在以下几种情况下,不适用父子关系推定:

——在**司法分居期间受孕的子女**不适用父子关系推定:在请求离婚或司法分居时,"在调整所有离婚后果的协议或适用第250-2条规定提出的临时措施得到法官认可之日以后,或者调解不成法令做出之日以后,超过300日才出生的子女;和自离婚请求被明确驳回或实现和解之日起算,不到180日出生的子女",不适用父子关系推定。(《法国民法典》第313条)

——如果**出生证书上没有指明婚姻中的丈夫具有该儿童的父亲资格**,该儿童对该丈夫也没有身份占有事实,不适用父子关

[83] 关于父子关系异议的一般规定,参见第十二章的相关内容。——译者注

系推定。(《法国民法典》第 314 条)

父子关系推定也可以通过以下方式得以重新确立:

——**依法**(de plein droit)重新确立:如果子女对丈夫有身份占有关系,而且该子女并没有和第三人建立父子关系;(《法国民法典》第 314 条)

——证明**母亲的配偶就是子女的父亲**。(《法国民法典》第 315 条和第 329 条)

丈夫同样也可以认领该子女。(《法国民法典》第 315 条末尾)

二、通过认领建立亲子关系

认领是一种自愿行为,据此,一位父亲或母亲可以承认、自愿建立与子女的亲子关系。

(一)推定

亲子关系没有按照法定方式建立的,可以通过父亲或母亲的认领推定建立亲子关系。也就是说,当**父子关系推定不适用**时,(《法国民法典》第 316 条第 1 款)或者在适用《法国民法典》

第 313 条，排除父子关系推定的适用时，丈夫可以通过认领建立与配偶子女的亲子关系。（《法国民法典》第 315 条）

如果子女的出生证书上没有指明母亲，母亲也可以通过认领推定建立母子关系。（《法国民法典》第 311－25 条）

（二）认领的方式

认领应以**认证文书**的方式做出（《法国民法典》第 316 条），最常见的方式是在户籍登记官处办理。认领也可以在**诉讼**过程中完成，也可以在法院书记官处完成登记。如果认证文书是在**公证员**处完成的，也合法有效。在公证员处完成的认证文书通常是为了秘密的认领。

认领可以在**出生前或出生后**。（《法国民法典》第 316 条第 1 款）最常见的方式是，在出生证书上登记出生时进行认领。（《法国民法典》第 316 条第 3 款）认领也可以在其他任何时间，包括出生前（甚至可以是在子女死亡后），还可以在任何市镇的户籍登记官处办理。办理认领的，将在出生证书的边缘空白处写明认领信息。（《法国民法典》第 62 条第 3 款）

（三）认领的特征

认领是属于纯**人身性质**的法律行为：只能由父亲或母亲做出这一行为。

认领对行为人没有**行为能力**的要求，因此，未成年人或受保护的弱势成年人也可以进行认领。

户籍登记官将以要求有回执通知的挂号信的方式**通知父母另一方**。(《法国民法典》第 57 – 1 条）但是，认领仅对认领人有建立亲子关系的效力。(《法国民法典》第 316 条第 2 款）另外，应告知认领人已经建立的亲子关系具有可分离的性质(caractère divisible)。[84](《法国民法典》第 316 条第 4 款）

如果户籍登记官发现认领人所做的认领声明与申报人报送的有关父亲身份的情况出现**矛盾**时，他可以根据申报人报送的信息在出生证书上进行登记，并立即通知共和国检察官。检察官可以根据《法国民法典》第 336 条的规定，提出亲子关系异议之诉。(《法国民法典》第 336 – 1 条)《法国民法典》第 320 条实际上规定了“依法确立的亲子关系，只要没有在法院遭受异议，就构成建立与之矛盾的另一亲子关系的障碍”。

认领具有**不可撤销性**。[85]

---

〔84〕 亲子关系的可分离的性质是指关于某个子女的父子关系和母子关系相互独立，认领人不需要得到另一方的同意。比如，父亲作为认领人，不需要得到母亲的同意，但通过认领建立的亲子关系仅对认领人有建立亲子关系的效力。——译者注

〔85〕 指认领人不能在做出认领行为后主张撤销认领。——译者注

三、通过公证登记确认身份占有关系建立亲子关系

身份占有关系,是指个人以自己有某种身份一样实施行为的事实,在这里,即以子女的某种亲属身份实施行为。这一事实外观推定亲子关系是真实存在的。自 1982 年 6 月 25 日法令开始,身份占有关系就是除自然亲子关系外,另一种建立亲子关系的方式。

(一)身份占有关系的构成要素

要构成身份占有关系,其应该具备若干特点,因此,《法国民法典》给了一些最重要的例子:(《法国民法典》第 311 –1 条)

——**行为**(tractus):那些被推定为是子女父母的人像对待自己子女一样,对待该子女。同时,该子女也像对待自己父母一样,对待他们。

——**名誉**(fama):社会、家庭及公权力机构都认为他们是该子女的父母。

——**姓氏**(nomen):儿童的姓氏跟随被认为是他父亲或母亲的姓氏。

在认定亲子关系时,《法国民法典》也对当事人对子女进行教育、抚养或安置居住等事实赋予了一定程度的重要性。(《法国民法典》第 311 –1 条第 4 款)

(二)身份占有关系的特征

身份占有关系应该是**持续的、和平的、公开的和明确的**。(《法国民法典》第 311 –2 条)

如果有连续两段不同的身份占有关系,法官将审查每段身份占有关系的特点。以前会支持在先的身份占有关系,近来的一些判决开始支持现在的身份占有关系。还有判决否认了两段身份占有关系,因为这两段身份占有关系都不够明确。

(三)身份占有关系的证明

身份占有关系构成要素可以通过**任何方式**予以证明。(《法国民法典》第 310 –3 条第 2 款)

可以通过初审法官制作的**证明书**(acte de notoriété)[86]这种非诉争的方式证明身份占有关系(《法国民法典》第 317 条)。

---

〔86〕 证明书,是指公职人员为了证明某一情况或具体事实,向几位能够证实情况的证人求证,经证人证实后,公职人员根据收集到的证言所做出的文书,这属于以“共同名誉”证明。参见 https://www. dictionnaire-juridique. com/definition/acte-de-notoriete. php,最后访问日期:2018 年 6 月 28 日。——译者注

法官可在子女或父母单独申请或共同申请时做出。证明书中包含三位证人的证言，证实存在构成身份占有关系的各个要素（《法国民法典》第 317 条）。由身份占有关系确认的亲属关系应在子女的出生证书边缘空白处载明。

如果法官拒绝制作证明书，父母及其他相关人员可以在保持身份占有关系 10 年内，向大审法院（le tribunal de grande instance）提起**确认身份占有关系之诉，**（《法国民法典》第 320 条、第 321 条）也可以在确认证明书诉讼的答辩中，提出确认身份占有关系的请求。

在**身份占有关系异议之诉**（action en contestation de la possession d'état）中，当事人也可以通过任何方式证明没有身份占有关系。在一方提交了证明书的情况下，证明责任就转由他方承担。"在证书签发之日起 10 年内，任何利益关系人均可提出相反证据，对依据以证明书证实的身份占有关系确立的亲子关系提出异议。"[87]（《法国民法典》第 335 条）

（四）身份占有关系的法律后果

当事人身份占有的事实允许双方可以通过证明书的方式建

〔87〕 在身份异议之诉中，身份占有关系也可以用于证明亲子关系的存在；其也可以作为为了确认双方有某种相关的亲属关系之诉的诉讼标的。——译者注

立亲子关系。(《法国民法典》第 310－3 条)“亲子关系通过子女的出生证书、认领登记或者确认身份占有关系的证明书予以证明。”(《法国民法典》第 310－3 条第 1 款,参见上文)

《法国民法典》第 317 条授权每位父母或子女都可以向法官提出制作证明书的申请,用以证明身份占有关系(参见上文),除非有相反证据。这一职权由**小审法官**(juge d'instance)行使。证明书根据至少三个证人的证言制作,如果法官认为必要,则还需要提交足以证明身份占有关系构成事实的所有其他文件(《法国民法典》第 317 条第 2 款)。在结束身份占有关系 5 年内或者其中一方父母死亡之日起 5 年内,父母可以请求法官制作证明书(《法国民法典》第 317 条第 3 款)。如果没有证明书,那么父母可以考虑提起身份占有关系确认之诉。在结束诉争的身份占有关系 10 年内都可以提出。(《法国民法典》第 321 条)

如果父亲在宣告子女出生的登记办理前死亡,可以通过制作证明书证明在胎儿分娩前,该父亲与胎儿存在身份占有关系。(《法国民法典》第 317 条第 2 款)

身份占有关系经证明书证明后,由此确立的亲子关系应在**子女的出生证书**边缘空白处载明。(《法国民法典》第 317 条第 4 款)

身份占有关系也是**进一步维护亲子关系**的一种方式。如果身份占有关系与证件中的身份相符时，能够确认身份关系的人只有子女本人、父母中的一方或者是自称是该子女真正的一方父母之人。（《法国民法典》第 333 条）无论该子女是婚生子女还是非婚生子女，如果身份占有关系和证件中的身份相符，要对该子女的父亲身份或母亲身份提出异议，也有可能，但必须在该身份占有关系终止之日起 5 年内，或者遭受异议的一方父母死亡之日起 5 年内提出。（《法国民法典》第 333 条第 1 款）无论何种情况，如果身份占有关系与证件中的身份相符，自子女出生之日或事后做出的认领之日起，身份占有关系已满 5 年，不得再对子女的亲子关系提出异议。（《法国民法典》第 333 条第 2 款）

如果子女是在司法分居期间受胎，身份占有关系允许**重建对父子关系的推定**，“只要子女对丈夫有身份占有关系，而且未与第三人建立父子关系”。（《法国民法典》第 314 条）

子女对某一女性有身份占有关系，但该女性却没有在证件上登记为母亲身份，这**构成寻找母亲的障碍**。（《法国民法典》第 325 条）

身份占有关系在**身份异议之诉**中可以用于证明亲子关系。

第十二章　与亲子关系相关的诉讼

2005年7月4日法令大幅简化了与亲子关系相关的诉讼制度,无论是确认亲子关系还是对亲子关系提出异议。与亲子关系相关的诉讼遵守某些共同规则,同时,各个诉讼制度又有自己的独特规则。

一、与亲子关系相关诉讼的共同规定

所有与亲子关系相关的诉讼有一些共同规定。

(一)管辖权

涉及亲子关系问题的案件归**大审法院**专属管辖。(《法国民法典》第 318 – 1 条）其他法院，尤其是刑事法院（les tribunaux répressifs），[88]除“犯罪关涉某个涉案人员的亲子关系”外，如果受理的案件提出了亲子关系问题，也应暂缓做出判决。（《法国民法典》第 319 条）

关于亲子关系的问题将在**合议庭**（chambre du conseil）[89]进行审查。

自做出亲子关系的判决产生既判力之日起，该判决就**对所有人具有对抗力**：（《法国民法典》第 324 条第 1 款）这些判决具有临时的绝对效力，如果法律没有要求在 10 年的期限内该诉讼的请求权专属于某人，那么第三人仍可以提出亲子关系异议之诉。一旦法官将做出的判决予以公告，则该期限减到 2 个月。如果法院收到了第三人提出的亲子关系异议之诉，那么异议只对提出异议的当事人产生效力。法院可以通过做出共同判决

---

〔88〕 法国受理一审案件的刑事法院分为三类，分别为治安法庭（le tribunal de police）、轻罪法庭（le tribunal correctionnel）、重罪法院（la cour d'assises）。治安法庭是小审法院（le tribunal d'instance）的一个组成部分，主要受理一些违法案件。轻罪法庭是大审法院（le tribunal de grande instance）的一个组成部分，主要受理一些轻罪案件，比如偷盗、诈骗、殴打等。重罪法院受理《法国刑法典》上规定的重罪，比如强奸、谋杀、虐待、野蛮罪行。参见 https://droit-finances. commentcamarche. com/contents/1357 – juridictions-penales-organisation-et-repartition-de-competence，最后访问日期：2018 年 6 月 28 日。——译者注

〔89〕 参见前文注释 66。——译者注

(le jugement commun)的方式对此进行强制干预,从而避免出现上述障碍。(《法国民法典》第 324 条第 2 款)

在所有情况下,大审法院应当事人的要求都可以对亲权的行使、子女抚养费(l'entretien)和教育费的负担、家庭中姓氏的使用做出判决。(《法国民法典》第 331 条)

(二)诉讼时效

亲子关系诉讼的诉讼时效为**10 年**。在子女未成年前,这一诉讼时效中止,即使子女未成年前已经有了独立生活能力(émancipé),亦然。

1. 确认亲子关系之诉的诉讼时效

——**确认母子关系之诉**:自出生之日起 10 年内。(《法国民法典》第 321 条)

——**确认父子关系之诉**:

• 请求恢复父子关系推定的效力:在与配偶双方共同生活的子女未成年时。(《法国民法典》第 329 条)

• 确认非婚生子女的父子关系:子女被剥夺了其所主张的身份之日起 10 年内。(《法国民法典》第 321 条)

——**身份占有关系确认之诉**:自所谓的父母死亡之日或停止身份占有关系之日起 10 年内。(《法国民法典》第 330 条)

2. 亲子关系异议之诉的诉讼时效

——**通过身份占有关系证实身份建立的亲子关系**：自身份占有关系停止之日起 5 年内或亲子关系遭受异议的父母一方死亡之日起 5 年内（有一个限制：如果子女自出生起或被认领后，保持与其身份相符的身份占有关系已满 5 年的，不得提出亲子关系异议之诉）。（《法国民法典》第 333 条）

——子女有与其身份不符的身份占有关系：子女自出生起或被认领后 10 年内；（《法国民法典》第 334 条、第 321 条）亲子关系是通过证明书（acte de notoriété）证实亲子关系的除外：这种情况下，自出具证明书之日起 10 年内。（《法国民法典》第 335 条）

（三）出生时未存活的婴儿

所有涉及出生时未存活的婴儿的诉讼都不予受理。（《法国民法典》第 318 条）

（四）无权处分和不可转让（l'indisponibilité et l'intranmissibilité）

亲子关系诉讼具有人身性，这就将有利害关系的债权人排除在这类诉讼的请求权人之外。

亲子关系诉讼的人身性同时也使这类诉讼的请求权人无权自由处分相关权利：这类诉讼中，人身权**无法交易**（hors

commerce），因此，请求权人不能让与、放弃、（《法国民法典》第323条）默许、妥协。

（五）生物血缘关系的科学证据

在当事人提出亲子关系异议的情形下，只要该案进入了司法程序，现在也可以借助科学证据证明亲子关系。有两种可以使用的科学证据：一是通过“遗传标记”系统进行**血型鉴定**，二是通过**遗传特性印迹**（empreintes génétiques）的方法。[90]（《法国民法典》第16－11条）

《法国民法典》第16－11条允许在有限制的条件下使用遗传特性印迹的方式。相反，在血型鉴定方面，最高法院多次强调“生物鉴定属于亲子关系请求权人的法定权利，除非有不进行生物鉴定的合法理由”（2000年3月28日，法国最高法院第一民事法庭第98－12608上诉案）。

由法官最终认可鉴定结论。（《法国民事诉讼法典》第246条）

---

〔90〕 遗传特性印迹，是指通过一小部分的身体组织，比如头发、血液、唾液等对其进行遗传物质分析，就像刑事犯罪案件现场留下的指纹一样，这样的分析结果可以用来识别某个人。——译者注

（六）亲子关系相关诉讼的共同效力

对亲子关系做出的判决从其具有既判力开始，**对所有人产生对抗力**。（《法国民法典》第324条第1款）

在亲子关系相关诉讼中，无论何种诉讼，大审法院都有权应当事人要求**对亲权行使**、子女抚养费（l'entretien）和教育费的分担、家庭中姓氏的使用**做出判决**。（《法国民法典》第331条）

无论是确认亲子关系之诉还是亲子关系异议之诉，总之，这类诉讼一旦原告胜诉将导致涉案当事人亲子关系的变更，这就导致个人的**户籍登记也会随之变更**。

二、与亲子关系相关诉讼的特别规定

有些规定是针对确认亲子关系之诉的特别规定，而另一些则只与亲子关系异议之诉相关。

（一）确认亲子关系之诉的特别规定

1. 确认母子关系之诉

婚生子女和非婚生子女都可以提出母子关系确认之诉。

既无身份，又没有身份占有关系，允许**寻找母亲**。（《法国

民法典》第 325 条）

这一诉讼专属于以下子女：其能够证明“自己系所谓的母亲所生”。相反，以往不能适用这一亲子关系确认之诉的 **X 所生的**子女现在也可以适用了。

在子女出生后 **10 年内**可以提出亲子关系确认之诉，但子女在年满 28 周岁前都可以行使这一权利，因为对于未成年子女而言，确认亲子关系的诉讼时效中止。（《法国民法典》第 321 条）

一旦亲子关系确认之诉胜诉，确认的母子关系溯及既往。子女获得母亲的姓氏，且子女的户籍登记上将载明这一母子关系。

应当事人要求，大审法院可以依职权对父母的亲权行使、子女抚养费和教育费的分担、家庭中姓氏的使用做出判决。（《法国民法典》第 331 条）

2. 确认父子关系之诉

对于这一类诉讼，有一些共同规则：

——根据普通法规则，**由原告承担证明责任**；

——证明可以通过**任何方式**进行（《法国民法典》第 310－3 条第 2 款）：原告应证明其主张的亲子关系符合实质真实，这可以通过生物血缘证据予以证明；

——**第三人对判决提出的异议之诉**不予受理。

(1)寻找父子关系的诉讼

《法国民法典》第 327 条授权法官可以宣告子女与家庭外的第三人具有父子关系。寻找父子关系的诉讼专属于子女。在子女未成年时,母亲(即使是未成年人)也有资格提起寻找父亲之诉。(《法国民法典》第 328 条第 1 款)如果该子女的母子关系也没有得以确认,或者无法确认其意愿,那么其法定监护人可以在获得家庭会议的授权后提起这一诉讼。(《法国民法典》第 328 条第 2 款、第 408 条第 2 款)

被告即所谓的父亲。如果被告是未成年人,那么其法定代理人应接受询问。如果被告死亡,那么寻找父亲之诉也可以向所谓的父亲的继承人提出。(《法国民法典》第 328 条第 3 款)

根据普通法原理,原告应提交**证据**。父子关系是一个法律事实:可用于证明父子关系的证据可以是任何形式的证据。(《法国民法典》第 310－3 条第 2 款)法官可以授权进行**血型鉴定**或生物身份检测,从而证明父子关系是否存在。自 2000 年 3 月 8 日的判决起,法国最高法院(la Cour de cassation)认为,“血型鉴定是涉亲子关系案件中请求权人的法定权利,除非有不进行血型鉴定的合法理由”。如果被告拒绝进行鉴定,法官将由

此援引法律规定的拒绝作证的所有后果。(《法国民事诉讼法典》第 11 条)

法官做出的判决要么支持原告的诉讼请求,宣告父子关系成立,要么驳回原告的诉讼请求。

(2)恢复父子关系推定之诉

恢复父子关系推定之诉(《法国民法典》第 329 条)包括恢复以下情形中父子关系推定的法律后果:子女是在离婚程序或**司法分居**程序中,**合法分居**(séparation légale)开始后超过 300 日出生的子女(《法国民法典》第 313 条)。如果子女对丈夫有身份占有关系,且其尚未与第三人确认父子关系,那么父子关系推定得以完全恢复(《法国民法典》第 314 条)。

在其他情况下,原告(可能是父亲、母亲或子女)可以证明丈夫即父亲。**生物鉴定**是请求权人的法定权利,除非有不进行生物鉴定的合法理由。

要在这种情况下确认父子关系,丈夫也可以通过**认领子女**的方式实现。(《法国民法典》第 315 条末尾)

3. 确认身份占有关系之诉

身份占有关系可以通过**证明书**(acte de notoriété)的方式得以证实,也可以通过法院对确认身份占有关系之诉的判决进行证实。(《法国民法典》第 330 条,参见上文)因此,如果身份占有关系已经通过证明书得以证明,就无须再适用司法程序予以证实。

确认身份占有关系之诉,是指原告提交关于社会生活事实的证据,而非生物真实。因此,在这种情况下,生物鉴定不是法定必需的证据。

(二)亲子关系异议之诉

1. 诉讼请求权人

根据确认亲子关系的方式不同,亲子关系异议之诉的请求权人也不同:

——如果亲子关系是通过身份证明的,无论是通过出生证书还是认领子女证书,而且该亲子关系通过身份占有关系得到了进一步的证明,那么这种情况下,亲子关系异议之诉的请求权人为子女、父亲或母亲,以及所谓的真正的父亲或母亲;(《法国民法典》第 333 条)

——如果子女的身份占有关系与其在亲子关系中的身份不符,那么所有利害关系人都可以提出亲子关系异议之诉。(《法国民法典》第 334 条)

如果“证书本身有线索表明该证书不真实或者有规避法律

的情形”，**检察院**（le Ministére public）同样也可以对亲子关系提出异议（《法国民法典》第336条），尤其是户籍登记官登记的信息、父亲在子女出生前认领子女的信息和子女出生时申报者登记的父亲信息存在矛盾时。

2. 证明对象

证明对象是**法律上的母亲没有生育子女**这一事实（对母子关系提出异议）或**丈夫或认领子女之人不是子女的父亲**这一事实（对父子关系提出异议）。

如果**子女不是在婚姻存续期间出生**，即使其身份与其身份占有关系相符，请求权人仍可能对其亲子关系提出异议。

证明可以通过**任何方式**进行：（《法国民法典》第310－3条第2款）原告应证明其主张的亲子关系和生物真实性相符，尤其是借助生物技术分析的方式予以证明。

如果身份占有关系已经由**证明书**确认，证明对象为不存在身份占有关系或该身份占有关系存在重大瑕疵，那么在这种情况下，生物鉴定不是法定必需的证据，因为证明对象不需要证明生物真实。

3. 诉讼效力

亲子关系异议之诉一旦胜诉，将导致**父子关系或母子关系**

消灭并溯及既往,主要包括以下法律后果:

——户籍登记应予以修正;

——子女应更改姓氏;

——原来与子女有法律联系的父母对该子女不再享有任何权利和义务,尤其是其亲权的消灭。如果儿童利益需要,可以判决让这对父母继续享有探望和留宿子女的权利。

三、补助金诉讼(L'action à fins de subsides)

补助金诉讼是纯粹为了子女抚养费的诉讼:这类诉讼是为子女的母亲争取从一位可能是子女的父亲之人处获得补助金,用于抚育子女。

(一)补助金诉讼的条件

尚未合法建立父子关系的所有子女都有权向可能的父亲提出补助金诉讼。(《法国民法典》第342条第1款)在这类诉讼中,子女应与母亲建立了母子关系。子女应证明其母亲和其可能的父亲在法律规定的妇女受孕期内存在**性关系**。(《法国民法典》第342条第1款)母亲和可能的父亲不一定非要有长期稳定的性伴侣关系:偶尔的性行为甚至是一次临时的性行为都可能构成这一诉讼的基础事由。这种行为应发生在受孕期内的任一时间,受孕时间一直都是根据儿童利益确定的。但是,被告可以证明受孕的真正时间。

对于补助金诉讼,不再只有一种不予受理的情形。这包括了被告已经通过各种方式提供证据,成功证明他和涉案子女**无父子关系**(non-paternité),(《法国民法典》第 342 -4 条)尤其是被告可以请求进行**生物遗传物质鉴定**,证明二者无血缘关系。成功证明被告和涉案子女无父子关系不但会产生补助金诉讼不予受理的结果,而且这也构成了一种实体上的抗辩(défense au fond)。

补助金诉讼可以在子女未成年的任何时间提出。如果在子女成年前没有提出补助金诉讼,子女在随后的 10 年中仍可以就此提出诉讼。所适用的程序则是寻找父子关系之诉的程序。

(二) 补助金诉讼的效力

1. 在财产关系方面的效力

父亲很可能被判令支付补助金。这也可能是以支付**抚养费**(pension alimentaire)的方式,即以非一次性支付的定期金的形式进行。(《法国民法典》第 342 -2 条第 1 款) 抚养费将综合考虑子女的需要、被告的经济来源及被告的家庭情况最终决定。

不支付抚养费将可能导致遗弃家庭成员的刑事处罚。

涉及抚养费的案件可以适用关于扶养费的一般规则，尤其是物价指数计算规则（l'indexation）[91]和托收规则（le recouvrement）。[92]

如果**子女成年后**仍有需要，父亲仍应对其支付补助金，除非是该子女自己的原因造成了这种困境（《法国民法典》第 342 – 2 条第 2 款）。相反，被告不会被判令支付抚养费的欠款：判令支付抚养费的判决具有连续的效力，而不是对权利的宣告。在扶养费的债务人死亡的情况下，支付补助金的责任转入继承：将从继承的净资产中先行支付这部分债务（《法国民法典》第 342 – 5 条、第 767 条）。

如果没有确认父子关系，在其可能的父亲死后的遗产继承中，子女没有任何继承权利。

---

〔91〕 参见注释 6。——译者注

〔92〕 法国法上，托收规则指未收到抚养费的当事人可以向司法送达官（huissier de justice）请求托收抚养费。送达官在确认申请人确系有权申请后，将启动直接托收程序，从抚养费债务人的养老金账户中扣取相应款项，如果养老金账户不足清偿，则将启动扣押程序，对该债务人的动产或银行账户进行扣押。参见 https://droit-finances. commentcamarche. com/faq/3621 – non-paiement-de-la-pension-alimentaire-et-recouvrement，最后访问日期：2018 年 7 月 1 日。——译者注

2. 在人身关系方面的效力

补助金诉讼不会导致建立父子关系的结果。

承认另一方的补助金请求权不会产生**其他人身方面的效力**,无论是姓名权还是亲权或探望权。抚养费的债务人也没有权利控制抚养费如何使用。但是,《法国民法典》第 371 – 4 条第 2 款允许法官在子女利益需要时,判令第三人享有**探望权**(le droit de visite),无论其是否是一方父母,这很可能会使补助金的债务人一方受益。

如果和抚养费债务人之外的其他人**已经确认了父子关系**,支付补助金的判决失效。(《法国民法典》第 342 – 8 条第 2 款)

承认另一方的补助金请求权将导致补助金债务人和接受人之间、双方当事人及其父母或配偶、伴侣之间产生**结婚障碍**。(《法国民法典》第 342 – 7 条)

第十三章　人工辅助生殖

人工辅助生殖主要包括用配偶、伴侣、同居者的精子或者捐精者的精子进行人工授精，或通过体外授精，也就是胚胎或受精卵的移植。应该区分有捐赠者帮助的人工辅助生殖和没有捐赠者帮助的人工辅助生殖。使用代理孕母的非法程序将单独讨论。此外，“禁止开展旨在生育一个与在世或已死亡的人具有完全遗传基因的子女的任何医疗干预措施”。（《法国民法典》第 16 -4 条第 3 款，《法国公共卫生法典》第 L. 2151 -1 条）

一、人工辅助生殖的基本原则

根据《法国公共卫生法典》（Code de la santé publique）第 L. 2141 -1 条之规定，“人工辅助生殖是指允许体外授精，配子、生殖组织、胚胎的保存，胚胎移植以及人工授精等的临床生物技术”。

《法国公共卫生法典》第 L. 2141 －2 条对适用这些技术规定了相关限制措施：“人工辅助生殖的目的是帮助不孕不育夫妇实现生育意愿，或避免将一种特别严重的疾病传给另一方或子女。是否患有不孕不育症应由医疗机构做出诊断。”

而且，请求实施人工辅助生殖（l’assistance médicale à la procréation，AMP）的男女需要满足以下条件：

——两人共同生活；

——已达生育年龄；

——双方事前同意实施胚胎移植或人工授精。

因此，在下列情况中，排除适用人工辅助生殖（《法国公共卫生法典》第 L. 2141 －2 条第 3 款）：

——配偶中一方死亡；

——已经提出了离婚请求或司法分居的请求，或已停止共同生活；

——男方或女方向负责实施人工辅助生殖的医疗人员提交了书面的撤回同意申请。

单身人士或同性恋伴侣同样被排除在人工辅助生殖适用范

围之外。

二、无须捐赠者帮助的人工辅助生殖

在这种情况下，丈夫、伴侣或者同居者是子女**生物意义上的父亲**。因此，实施人工辅助生殖技术受到了立法者的广泛支持。

在已婚配偶中，如果双方同意实施人工辅助生殖，那么**未来旨在确认亲子关系或对亲子关系提出异议的任何诉讼将不再受理**。如果是同居关系或民事连带责任契约关系，这两种关系下的同居伴侣不能撤销其已做出的同意。如果其拒绝认领因此出生的子女，那么在寻找父子关系之诉中，他也不能否认与该子女的父子关系。此外，他“应对子女的母亲及子女承担责任”。（《法国民法典》第 311－20 条第 4 款）

法律禁止使用已故丈夫的精子实施**死后人工授精**。如果子女在丈夫死后超过 300 日才出生，这不会导致其与已故丈夫建立亲子关系。判例法上甚至在 1994 年法令出台前就拒绝在丈夫去世后将那些等待中的冷冻胚胎植入妻子体内。但是，法国最高行政法院（le Conseil d’État）在 2016 年 5 月 31 日做出的判决中，同意希望在自己国家进行死后人工授精的申请人将其已故丈夫的配子带至西班牙开展人工授精。[93]

三、在捐赠者帮助下的人工辅助生殖

无论是配偶还是同居伴侣，决定在捐赠者的帮助下实施人工辅助生殖的双方当事人应事先**在家事法官或公证员面前做出同意**。(《法国民法典》第311－20条)

如果双方当事人已婚，像普通法上亲子关系的规定一样，通过人工辅助技术生育子女的亲子关系通过出生证书得以确立，适用父子关系推定。当事人做出同意后，禁止其在事后提出任何关于亲子关系的异议，除非有证据证明该子女不是人工辅助生殖技术所生(比如系母亲通奸所生)或者原来做出的同意已

〔93〕 该案中，由于丈夫身患疾病，考虑到治疗可能导致丈夫不育，因此双方已经同意将丈夫的配子冷冻，方便未来有需要时开展人工授精。后丈夫疾病恶化死亡。妻子回到自己的国籍国西班牙，西班牙法律允许，在丈夫已经同意的情况下，在丈夫死后的一年内利用其精子为其原来的妻子开展死后人工授精。参见 http://www. conseil-etat. fr/Actualites/Communiques/Insemination-post-mortem，最后访问日期：2018年7月1日。——译者注

经失效(《法国民法典》第 311 - 20 条第 2 款)。失效的情形是指在实施人工辅助生殖之前,一方死亡或提出了离婚申请、司法分居申请,或者当事人已经停止了共同生活,或者一方已经撤回了同意(《法国民法典》第 311 - 20 条第 3 款)。对于子女而言,除与请求实施人工辅助生殖的当事人产生亲子关系外,子女本人不能再向其他人主张有其他身份关系。

如果双方当事人未婚,选择了捐赠者帮助下的人工辅助生殖(l'insémination artificielle avec donneur, IAD),如果事后同居伴侣拒绝认领因此出生的子女,那么他要对子女的母亲及子女**承担责任**(《法国民法典》第 311 - 20 条第 4 款)。根据 1990 年 7 月 10 日的判决,如果同居伴侣同意实施人工辅助生殖,那么他就对因此出生的子女承诺承担作为父亲的一般义务,需要在子女出生后尽抚养之责。如果不履行这种义务,撤销其之前做出的同意(很可能在判决做出时),这将给子女带来精神和物质上的伤害。正是基于此,同居伴侣需要在事后承担相应责任。此外,《法国民法典》第 311 - 20 条第 5 款规定,父子关系通过法院宣告确立。由母亲代表子女提出寻找父子关系之诉,这必定会产生一个有利于子女的结果。

《法国民法典》第 16 - 8 条和《法国公共卫生法典》第 L.

2141 –6 条第 3 款、第 L. 1244 –7 条规定了**捐赠者匿名**原则，无论捐赠者捐献的是人体的某一部分或所生之物。因此，捐赠者和生育的子女之间不会建立任何亲子关系（《法国民法典》第 311 –19 条第 1 款）。对捐赠者也不能提出任何要求其因此承担责任的诉讼。（《法国民法典》第 311 –19 条第 2 款）

四、代理孕母

代理孕母要么是女方、伴侣或同居者因为不孕，请她用男方的精子帮忙生育的人，要么是接收了双方的胚胎，将胚胎孕育至足月，然后生育出一个子女。

父子关系的确定在这种情况下毫无争议，因为父亲就是提供精子的人。

母子关系的确定更加棘手：一直以来，分娩生育子女的女性都被视为母亲，因此，其有权撤回送出子女的决定。

这种情况下适用的规则是分娩生育子女的代理母亲对于子女而言保持匿名，而子女的父亲认可代理孕母的行为。最终，父亲的伴侣将收养代理孕母所生子女。

有关代理孕母的协议被视为**无效，因为其涉及人身**，人身不能成为合同的标的。法国最高法院禁止代理孕母协议，主要考虑到该协议损害了个人无权处分人身的原则，而且这是对收养机制的滥用（法国最高法院全体会议，1991年5月31日，第80－20105号上诉案）。

在执行外国判决时，法国最高法院拒绝在出生证书上转录由代理孕母生育子女的信息。对此，法国最高法院给出了一个合理理由："当这一判决违背法国法基本原则的规定时，该判决也就违背了法国法上的国际公共秩序。"

法国最高法院判定，在亲子关系方面，即使一份涉及为他人代孕的协议在外国合法，但这一行为违反了**"身份状态不可处分"原则**、法国法的基本原则、生效要件，因此根据《法国民法典》第16－7条、第16－9条有关违反公共秩序无效之规定，判令这类行为无效（法国最高法院第一民事法庭，2011年4月6日，第10－19053号、第09－17130号、第09－66486号上诉案）。

法国最高法院全体会议最近又重新评估了这一情况，并彻底改变了判例法对此问题的态度（2015年7月3日，第14－21323号和第15－50002号上诉案；法国最高法院第一民事法庭在以下判例中又重申了这一观点：2017 年 7 月 5 日，第 15－28697 号、第 16－16901 号、第 16－16455 号、第 16－16495 号上诉案；2017 年 11 月 29 日，第 16－50061 号上诉案）。法国最高法院认为，既然出生证书没有不符合规定或存在虚假情形，而且出生证书上登记的信息符合事实，那么为他人代孕的协议本身不能构成为子女的出生登记进行转录的障碍（但法国最高法院拒绝在法国的户政登记簿上转录指定没有分娩的委托母亲为母亲的信息）。

2013 年 1 月 25 日的通报提出，如果证据显示，双方有极大可能性是通过为他人代孕或生育的协议为一个法国人在国外生育了一个子女，那么应为该子女办理法国公民身份证（certificats de nationalité français，CNF）。因为根据《法国民法典》第 47 条之规定，“法国人和外国人在外国办理的任何身份登记如系按该国的通常形式做出，均具有证明效力：除非从获取的其他文书或文件、外部数据或办理的证明本身的要素中（如有必要，经过所有的真实性审核后），发现这一证明不符合规定，属于伪造，或者所宣告的事实与现实情况不符”，所以，一份有证明力的外国的户籍证明可以证明某个子女和一个法国人存在亲子关系。

第十四章　完全收养

完全收养将使申请人通过亲子关系确定地和养子女联系在一起。这一制度在 2013 年 5 月 17 日的法令[94]和 2016 年 3 月 14 日的法令[95]中被修订。

一、完全收养的条件

完全收养的条件被规定在《法国民法典》第 343 条及其以下的条款。

---

〔94〕 该法令允许同性婚姻中的伴侣收养子女。——译者注

〔95〕 该法令主要涉及收养人的范围，修订了撤销收养的方式。——译者注

（一）收养人的条件

完全收养既可以是一个人独自收养，也可以是夫妇共同收养。（《法国民法典》第 346 条）单个个体也可以收养其配偶的子女。

1. 单独收养

请求单独收养的收养申请人应年满**28 周岁以上**。

收养申请人应征得其配偶的同意。

如果是收养**自己配偶的子女**，年龄条件没有这么严格。只有在以下 4 种情形下，允许对配偶子女进行完全收养：（《法国民法典》第 345－1 条）

——子女只和配偶建立了合法的亲子关系；

——子女是配偶完全收养的子女，且只和该配偶建立了亲子关系；

——除配偶外的子女的另一方父母被完全剥夺了亲权；

——除配偶外的子女的另一方父母已死亡，且没有他或她的第一亲等的直系尊亲属，或者这些第一亲等的直系尊亲属对子女明显漠不关心。

2. 夫妇共同收养

夫妇共同收养**没有年龄条件**限制。但是，如果收养人双方都不满 28 周岁，双方的婚姻须已满二年。

已分居的配偶不能请求完全收养。

（二）被收养人的条件

被收养人应为**未满 15 周岁**的未成年人，除非在年满 15 周岁以前，被收养人已经被不符合收养条件的收养人接收为家庭成员，或被收养人在年满 15 周岁以前已经是收养人简单收养的对象。

如果儿童已经年满 13 周岁，其应对自己的收养做出同意。

2016 年 3 月 14 日关于儿童保护的第 2016－297 号法令修改了可收养儿童的法律规定。

法律规定有**三类可收养的儿童**：（《法国民法典》第 347 条）

——父亲和母亲或家庭会议对将要送养的儿童已经做出有效的**送养同意**的；

——受国家监护的儿童；

——根据《法国民法典》第 381－1 条和第 381－2 条规定，**司法宣告被父母遗弃**的儿童。

1. 父亲和母亲或家庭会议已经做出有效送养同意的儿童

由父亲或母亲做出**收养的同意**（《法国民法典》第 348 条第 1 款），或者由双方中唯一与子女建立了亲子关系的当事人做出

(《法国民法典》第 348 - 1 条)。其他人的异议无效。送养人做出的同意应以**认证文书**(acte authentique)的方式在法国或国外的公证员处、法国的外交代表或领事前做出;或者如果儿童已经被社会援助儿童机构(l'aide sociale à l'enfance)服务部门抚养时,可由社会援助儿童机构接收送养人做出的同意(《法国民法典》第 348 - 3 条第1 款)。同意送养的意思表示可在 2 个月内撤回(《法国民法典》第 348 条第 2 款)。

如果被收养人不满 2 周岁,则必须将其交给社会援助儿童机构或授权的收养机构。(《法国民法典》第 348 - 5 条)尽管父母不同意送养,但如果法院认为这种拒绝送养的行为是父母在滥用其权利。也就是说,是父母故意对子女漠不关心,而使子女身心健康有受损害的风险,法院可宣告送养。(《法国民法典》348 - 6 条第 1 款)如果亲属会议存在滥用拒绝送养的权利,亦同。(《法国民法典》348 - 6 条第 2 款)

2. 受国家监护的儿童

绝大多数的可收养儿童都是父母不同意送养的、受国家监护的儿童(《法国民法典》第 349 条)。他们被委托给**社会援助儿童机构**。省议会议长(président du Conseil général)一道命令就可以让这些儿童成为可收养的儿童。收养同意由受国家监护

儿童的家庭会议做出。(《法国民法典》第 349 条)

2016 年 3 月 14 日法令修订了受国家监护儿童的不同种类[《法国社会行动和家庭法典》(Code de l'action sociale et des familles,CASF)第 L. 224 –4 条],共有 6 种:

——尚未与任何人建立亲子关系,或者社会援助儿童机构接受的无名婴儿在社会援助儿童机构生活超过 2 个月的;

——有权同意送养的当事人明确将儿童送至社会援助儿童机构,让国家成为儿童的监护人;

——被寄托在社会援助儿童机构的失去了父母亲的孤儿超过 2 个月没有找到监护人的;

——由父亲或母亲明确将子女送到社会援助儿童机构超过 6 个月的,即使双方已经建立了亲子关系并得到了司法确认,且社会援助儿童机构在此期间找不到愿意承担责任的该儿童的另一方父母;

——儿童的父母被剥夺了亲权,儿童因此被委托给社会援助儿童机构;

——社会援助儿童机构按照《法国民法典》第 381 –1 条和第 381 –2 条的规定接收的儿童。

3. 司法宣告被父母遗弃的儿童

根据《法国民法典》第381－1条和第381－2条规定的条件宣告被遗弃的儿童是可收养的儿童。这是指**司法宣告被父母遗弃**的儿童。(《法国民法典》第347条)认定儿童被遗弃似乎是《法国民法典》规定的除教育帮助、亲权的委任和撤销之外,和其他儿童保护机制相互整合的一种新机制。

“如果在提起诉讼的一年内,父母没有与涉案儿童保持一种儿童成长教育所需要的关系,且无论为何原因,这种父母子女关系一直没有得到改善”,这种情况下的儿童就会被认为是遭到了遗弃。(《法国民法典》第381－1条)“只是简单地收回同意,要求知道该儿童的消息,或者只是表达领回儿童的意思,但又未采取实际行动的”,这些情形都不构成对规定的期间的中断,也不构成法院可以拒绝做出父母遗弃的司法宣告的理由。(《法国民法典》第381－2条第2款)

大审法院有权根据个人的申请、遗弃事实或者接收儿童的社会援助儿童机构相关服务部门的申请,审核在提起遗弃儿童司法宣告诉讼之日前的一年内,是否存在根据《法国民法典》第381－1条规定的遗弃事实,对存在遗弃事实的,做出儿童被遗弃的司法宣告。(《法国民法典》第381－2条第1款)检察院同样也可以基于自身职权或者少年法官(juge des enfants)的申请,向大审法院申请遗弃儿童的司法宣告。

如果在请求做出遗弃儿童的司法宣告诉讼之日起前一年内,有家庭成员请求对该儿童履行抚养责任,这时,就不能做出被父母遗弃的司法宣告。(《法国民法典》第 381 -2 条第 3 款)对于这种申请,裁判时仍以儿童利益为标准。

通过宣告儿童被遗弃的判决,法院同时会将该儿童的亲权授予被委托接收该儿童的社会援助儿童机构相关部门或组织。(《法国民法典》第 381 -2 条第 5 款)

“可以向双方父母或一方父母做出被遗弃的司法宣告。”(《法国民法典》第 381 -2 条第 4 款)

(三)保持收养人和被收养人间关系的条件

收养人应**比被收养人至少年长 15 周岁**。在收养配偶子女的情况下,法律要求的收养人与被收养人之间的年龄差距只有 10 周岁,但法院也可以“正当理由”为由,在收养人与被收养人年龄差距不足 10 周岁时,做出收养判决。(《法国民法典》第 344 条第 2 款)

收养可以是**家庭内部的**收养,此即为在同一个家庭内,家庭成员之间的收养。一方配偶可以收养**另一方配偶的子女**。

(《法国民法典》第 345－1－1 条,参见上文)

二、完全收养的程序

收养人想要收养受国家监护的儿童,应获得批准(《法国民法典》第 351 条及其以下条款)。收养人必须将被收养人接回自己的家中,这样,法院才可能最终宣布收养判决。

(一) 批准(l'agrément)

如果希望收养一个受国家监护的儿童,或者获得收养授权的组织受托照顾的子女或外国子女,未来的收养人应启动批准程序,除非是儿童福利机构委托其照顾子女。

希望收养受国家监护儿童的收养人应从其所在的省级**社会援助儿童机构服务部门**获得批准。在收养人提交收养申请之日起 9 个月内,省级社会援助儿童机构服务部门的负责人在听取**批准委员会**(commission d'agrément)的意见后,做出是否批准收养的决定。(《法国社会行动和家庭法典》第 L. 225－2 条第 2 款)如果不同意收养的,应给出理由。(《法国社会行动和家庭法典》第 L. 225－4 条)相关机构会在综合考虑"申请人在家庭、教育、心理方面提供的接收条件”后做出是否同意收养的决定。（《法国社会行动和家庭法典》第R.225－4条）该批准收养的决定有效期为5年。（《法国社会行动和家庭法典》第L.225－2条第2款）

在以下情形中，可以**不经批准**宣布收养判决：

——对于社会援助儿童机构服务部门委托照顾儿童的受托人，受托人与该儿童建立了感情，足以证明收养措施的正当性的；（《法国社会行动和家庭法典》第L.225－2条第1款）

——“如果为收养目的与其他国家达成了条约”，收养人接受儿童的能力“已经按照普通程序在上述国家得到了证实的”；（《法国社会行动和家庭法典》第L.225－2条第1款）

——如果申请人申请收养被拒，或者在法定期限内没有获得批准，但法院“认为申请人具有接收儿童的能力且这符合该儿童的利益”的。（《法国民法典》第353－1条第2款）

（二）收养安置

在收养人家中进行收养安置，是指将儿童有效安置在准收养人处。

安置后，儿童血缘上的父母将不能请求返回儿童。

(三)完全收养的判决

如果申请人在法国居住,那么申请人住所所在地的**大审法院**对于收养案件具有管辖权。

在儿童被**安置**在收养人家庭**之日前至少6个月内**,应由申请人提出收养申请,或者由希望收养儿童的配偶双方共同提出申请。

法院将审查法律规定的收养条件是否都已满足,收养是否符合儿童利益。

2016年3月14日关于儿童保护的法令在《法国民法典》第353条第2款给法院增加了一个新的义务,对于具有辨识能力的未成年人,法院需要听取他们的意见。法院也应核实收养不会有危及家庭中其他卑亲属生活的风险。宣布收养的判决中不需要解释做出这一判决的理由。

收养程序完全**免费**,同时必须**保密**。关于是否同意申请人收养的辩论在合议庭(chambre du conseil)进行。判决主文(le dispositif du jugement)不应提及儿童原来的姓氏。收养判决将在公开场合宣布。

在申请人同意的情况下,法院作出的判决可以只限于简单收养。

如果存在欺诈,或者收养人个人有欺诈行为,与儿童有血缘关系的父母可以在 10 年内通过**第三人异议**的方式对收养判决提出异议。2013 年 5 月 17 日的法令规定:"家事法官根据《法国民法典》第 371 –4 条之规定判决,申请人向法院隐瞒被收养人和第三人之间的关系的……构成欺诈。"〔96〕诉讼中的双方当事人可以在收到判决书 15 日内通过**上诉**的方式对判决提出异议。收到判决通知的第三人也可以提出上诉。向**法国最高法院**进行上诉的条件由普通法进行规定。

收养判决将在被收养人出生地的**户籍登记簿**(registres de l'état civil)上进行转录。在收养判决具有既判力(chose jugée)后 15 日内,根据检察官的申请,相关部门将完成这一登记。

三、完全收养的效力

收养将使被收养人具有一个新的亲子关系(《法国民法典》第 355 条及其以下条款)。"在收养人家庭中,被收养人和婚姻

〔96〕《法国民法典》第 371 –4 条规定了子女有权与其直系尊亲属(如祖父母、外祖父母等)保持关系。——译者注

中或婚姻外出生的子女享有同样的权利。”(《法国民法典》第358条)

完全收养**彻底切断了被收养人和其原生家庭之间的关系**：丧失其原生家庭的姓氏，以及其血缘关系亲属的继承权，也不再有家庭成员间的扶养义务。原来的出生证书被撤销。但是，这并不消除他们之间的结婚障碍。

被收养人采用收养人的**姓氏**。如果是收养配偶的子女或者夫妇双方共同收养子女，收养人及其配偶或配偶双方将通过共同声明的形式，选择该儿童采用的家庭姓氏：可以是双方中一方的姓氏，也可以是按照双方选择的顺序将双方的姓氏连在一起组成的新的姓氏，但以配偶双方的家庭姓氏为限。(《法国民法典》第357条第2款)这一选择权只能行使一次。如果收养人已有自己的子女，被收养人将采用他兄弟姐妹的姓氏。(《法国民法典》第357条第4款)如果收养人或者收养人中一方已经有两个家庭姓氏，双方可以通过书面的共同声明只让被收养人使用其中一个姓氏。(《法国民法典》第357条第6款)如果没有选择姓氏的共同声明，被收养人可以采用收养人和其配偶的姓氏，或者两位收养人其中一位的姓氏，在每个人第一个家庭姓氏的限度内，按照字母顺序排列。

在收养人的新家庭中，被收养人和婚生子女一样，有相同的**结婚障碍**、相同的**继承权**、相同的受抚养权和赡养义务。

由收养人行使**亲权**。

完全收养**不可撤销**。收养后，被收养人毫无疑义地成为收养人的家庭成员。

第十五章 简单收养

和完全收养相比，简单收养的条件远没有那么严格，在效力上也没有那么极端。然而，完全收养的某些规定同样适用于简单收养。(《法国民法典》第 361 条)

一、简单收养的条件

(一) 收养人条件

和完全收养一样，简单收养可以由一对夫妇或单个个人申请。

关于收养人的年龄条件、婚姻存续期间的要求或者配偶的授权都和完全收养的要求一样。(《法国民法典》第 361 条)

简单收养主要适用于收养**配偶的子女**这一情形，被收养人和其原生家庭并不切断联系。《法国民法典》第 345－1 条规定的完全收养的限制条件不适用于简单收养（参见上文）。

（二）被收养人条件

被收养人没有年龄限制。（《法国民法典》第 360 条第 1 款）

所有人都可以是简单收养中的被收养人，无论是**未成年人还是成年人**。

只要被收养人年满 13 周岁，收养应征得其本人的同意。（《法国民法典》第 360 条第 3 款）而如果是完全收养，同样情形下，则须征得其父母或家庭会议的同意。

（三）保持收养人和被收养人间关系的条件

收养人应比被收养人**至少年长 15 周岁**。（《法国民法典》第 344 条和第 361 条）

收养人和被收养人可以是已经具有亲属关系的人。

"原来被单个人以简单收养或完全收养的方式收养的儿童，可以被该当事人的配偶以简单收养的方式再次收养。"（《法国民法典》第 360 条第 4 款）

二、简单收养的程序

将被收养人安置在收养人的家中不是必需的程序。

要收养受国家监护的儿童，必须获得相关机构**批准**。

自收养人提交收养申请时，收养程序开始。

法院将核实收养的条件是否都已满足，收养是否适当。如果收养人家庭还有其他卑亲属，法院同时还会核实收养是否有**危及卑亲属家庭生活**的风险。

收养的最终目的不应与收养制度的目的相异。

对判决的**救济方式**同样是向上诉法院上诉、向法国最高法院上诉、第三人异议，相关程序的条件与完全收养中这些程序的条件相同。

三、简单收养的效力

简单收养的效力**不能溯及既往**：只能回溯至提起收养申请

之时。

被收养人仍保留与自己原生家庭的关系，同时，他也进入了收养人家庭。

（一）被收养人在原生家庭的情况

被收养人**仍保留与自己原生家庭的关系**。其仍保留自己原有的对原生家庭成员的继承权。（《法国民法典》第 364 条第 1 款）其仍使用自己原来的姓氏，除非法官做出了相反的命令。

和被收养人有血缘关系的父母不再承担被收养人的抚养责任，除非被收养人在收养人处什么也没得到。

原生家庭丧失对被收养人的**亲权**，但有探望权。收养人死后，血缘关系上的父母不会恢复他们对被收养人的亲权，将适用关于监护的普通法规则。

被收养人和原生家庭**禁止结婚**的规定仍然适用。（《法国民法典》第 364 条第 2 款）

（二）被收养人在收养人家庭的情况

被收养人可以将收养人的**姓氏**加在自己的姓氏上。（《法国民法典》第 363 条第 1 款）如果收养人和被收养人，或者他们中的一人有两个家庭姓氏，被收养人的姓氏中仍可以加上收养人的姓氏，但只能在两个人各自的两个姓氏中各取一个。选择权归收养人所有。年满13周岁的被收养人应对选择保留原来的姓氏及姓氏之间的排序做出书面同意。如果被收养人不同意或者没有做出选择,被收养人将以原生家庭的第一个姓氏和收养人的第一个姓氏作为自己的姓氏。(《法国民法典》第363条第2款)如果收养人没有选择或者收养人双方之间不能达成一致,或者年满13周岁的被收养人不同意,只能保留被收养人的第一个姓氏。(《法国民法典》第363条第2款)

在**夫妇共同收养**的情况下,被收养人选择原生家庭的姓氏和双方收养人中一方的姓氏。(《法国民法典》第363条第3款)如果被收养人有两个家庭姓氏,收养人可以选择要保留的姓氏及姓氏之间的顺序,只要征得年满13周岁的被收养人的同意。如果收养人没有选择或者收养人双方之间不能达成一致,或者年满13周岁的被收养人不同意,被收养人的姓氏将按照字母顺序采用被收养人的第一个姓氏,在此之后,按照字母顺序采用收养人的第一个姓氏作为其第二个姓氏。(《法国民法典》第363条第3款)

在**对配偶的子女进行简单收养**的情况下,可以将收养人的姓氏加在被收养人的姓氏上或者直接用收养人的姓氏代替被收养人的姓氏。如果被收养人已成年或年满13周岁,须征得被收养人的同意。

根据**收养人的申请**，法院可以就以下事项做出判决：

——被收养人只使用收养人的姓氏。在夫妇共同收养的情况下，经被收养人的选择，代替被收养人姓氏的新的家庭姓氏，要么是夫妇双方一人的姓氏，要么是按双方选择的顺序将双方姓氏连起来的姓氏，但只能在两个人各自的两个姓氏中各取一个。

——经另一方配偶收养的子女保留自己原来的姓氏。

这类申请也可以在收养后提出。但对于年满 13 周岁的被收养人，须征得**被收养人的同意**。

宣布简单收养的法院可以根据收养人的申请直接变更被收养人的名字。(《法国民法典》第 361 条、第 357 条第 3 款)

被收养人可以向收养人主张**抚养费**(aliments)，同时也对收养人承担赡养责任。

从被收养人进入收养人的新家庭开始，**禁止结婚**的规则开始生效。

被收养人将和收养人的**婚生子女**一样被对待：被收养人和收养人的婚生子女一样，对收养人享有同样的继承权。对于养父母而言，被收养人属于特留份继承人（héritier réservataire）。[97] 但对于养祖父母或养外祖父母而言，他们可以将被收养人排除在继承人之外。

如果被收养人死后留有子嗣，将按照普通法的规则进行继承。如果被收养人死后没有留下子嗣，收养人对于其赠给被收养人的财产享有返还权（droit de retour），[98] 同样，其原来的父母赠与他的财产也返还给被收养人的原生家庭。剩下的遗产由原生家庭和收养家庭对半分割。

---

〔97〕 按照《法国民法典》第 912 条的规定，继承特留份指法律确保向特定继承人不附加任何条件移转的那部分遗产。与继承特留份相对的是自由处分额，也即被继承人可以自由无偿处分的那部分遗产。根据特留份继承人的组成和数量，特留份份额相应不同。(1)被继承人留有子女时，婚生子女、非婚生子女、养子女都享有特留份。如果被继承人只有 1 名子女，特留份为被继承人财产的 1/2；如果留有 2 名子女，特留份为被继承人财产的 2/3；如果留有 3 名及以上子女，特留份为被继承人财产的 3/4，被继承人可以自由处分的财产只有 1/4。(2)被继承人没有子女，但有生存配偶时，妻子享有的特留份份额为 1/4。(3)被继承人既无子女又无生存配偶时，被继承人可通过生前赠与或遗嘱赠与处分其全部财产。此外，《法国民法典》第 738 - 2条规定，如果被继承人没有子女，但留有父亲或母亲的，则被继承人生前从父母亲处获得的财产应返还给健在的父母亲；但以父母一人占被继承人遗产的 1/4 为限，且返还权只能以死者生前从父母亲处获得的财产为限。——译者注

〔98〕 返还权，是指赠与人在受赠人先于其死亡的情况下，赠与人可以取回其赠与受赠人的财产。赠与完成后，只有在赠与人死亡后受赠人尚在世时，赠与的财产才成为受赠人的遗产的一部分；相反，如果受赠人先于赠与人死亡，那么赠与的财产将返还给赠与人，成为赠与人的财产。返还权是一种继承权，在继承没有开始之前，不得放弃。参见 https://droit-finances. commentcamarche. com/faq/50251 - droit-de-retour-conventionnel-ou-legal-definition，最后访问日期：2018 年 7 月 3 日。——译者注

四、简单收养的撤销

2016 年 3 月 14 日关于儿童保护的法令大幅修改了撤销简单收养的条件：在新法生效之前，双方当事人中只要有一方申请撤销，就可以宣布撤销简单收养。（原《法国民法典》第 370 条第 1 款）现在，需要区分成年被收养人和未成年被收养人：

——如果被收养人已成年，收养可以经被收养人或收养人的申请而撤销。

——如果被收养人未成年，只能通过检察院撤销。

申请撤销的**理由应属重大理由**，[99]并由法官做出判断。

撤销简单收养对被收养人名字的变更没有影响。（《法国民法典》第 370－2 条）

---

〔99〕 司法实践中，可以构成重大理由的情形包括：由于第三人（如收养人的情妇）的行为引起的收养人与被收养人之间的不和；在夫妻一方收养另一方的子女时，夫妻间存在很深的隔阂；不构成重大理由的情形包括：被收养人提出请求支付生活费以完成学业的诉讼；收养人和被收养人之间的不和双方都有责任，且这种不和在一般家庭很常见；作为收养人的父母已离婚。实践中，因重大理由申请撤销简单收养的，并不多见。——译者注

参考文献

—BATTEUR(A.) , *Droit des personnes, des famille et des majeurs protégés*, 9e éd. , 2017, LGDJ, coll. Manuels; (sous la direction de) , *Les grandes décisions du droit des personnes et de la famille*, 2e éd. , 2016, LGDJ.

—BEIGNIER(B.), BINET (J. -R), *Droit des personnes et de la famille*, 3e éd. , 2017, LGDJ, coll.《Cour》.

—BERNARD-XÉMARD(C.), *Cours de droit des personnes et de la famille*, 4e éd. , 2018, Gualino édteur, coll.《Amphi LMD》.

—BUFFELAN-LANORE(Y.) et LARRIBEAU-TERNEYRE (V.), *Droit civil: Introduction, personnes, famile*, 19e éd. , 2015, Dalloz-Sirey, coll.《Sirey-Université》.

—CARBONNIER(J.) , *Droit civil*, *Volume* 1 , *Introduction. Les personnes*, *L'enfant*, *Le couple*, 2004 , PUF, coll.《Thémis》.

—EGEA(J.) , *Droit de la famille*, 2016 , Lexis-Nexis.

—GARRIGUE (J.), *Droit de la famille*, 2e éd. , 2018, Dalloz, coll.《HyperCours》.

—GOUBEAUX (G.) et VOIRIN (P.), *Droit Civil*: *Personnes*, *famille*, *incapacités*, *biens*, *obligations*, *sûretés*, Tome 1 , 38e éd. , 2018 , LGDJ, coll.《Manuels》.

—MALAURIE(Ph.) et FULCHIRON (H.) , *La famille*, 6e éd. , 2018 , Defrénois.

—MURAT(P.) (Sous la direction de) , *Droit de la famille*, 7e éd. , 2016 – 2017 , Dalloz, coll.《Dalloz-Action》.

—RENAULT-BRAHINSKY(C.) , *Droit des personnes et de la famille*, 18e éd. , 2018 , Gualino édteur coll.《Mémentos LMD》; *Le nouveau divorce sans juge*, 2017 , Gualino édteur, coll.《Droit en poche》.

—TERRÉ(F.) et LEQUETTE(Y.) *Les grands arrêts de la jurisprudence civile*, Tome 2 , 13e éd. , 2015 , Dalloz.

译后记

目前,家庭法学界有关外国法的专著译著较多集中在英美法系的研究,对于大陆法系的研究则较多集中于德国法和日本法的研究。相对而言,大陆法系中的另一个重要内容——法国家庭法的译著较少。

一说起法国法,国人第一时间想到的肯定是罗结珍教授翻译的《法国民法典》(北京大学出版社 2010 年版)。我也曾在研究家庭法的相关议题时翻阅学习《法国民法典》中涉及家庭法的相关制度。不无遗憾的是,对于法国家庭法的具体制度,总有一种既熟悉又陌生的感觉。一方面,虽然可以借助上述《法国民法典》的译本找到具体的法条;但另一方面,由于法国法体系的独特性——家庭制度中人身关系的部分和财产关系的部分分别规定于第 1 卷和第 3 卷,感觉部分法条的规定比较抽象,理解起来比较费劲。心里一直期盼,如果有本法国家庭法方面的介绍性著作,就能更好地学习法国家庭法了。当然,学习法国家庭法遇到的另外一个问题是,自该译本面世至今,尚未找到系统介绍法国家庭法最新发展的书。媒体上关于法国家庭法的制度变迁又言之不详。这些问题一直困扰着我。

幸运的是,2018 年 5 月,我跟随我的导师陈苇教授一起参加了在法国斯特拉斯堡举行的“国际人权机构对国内法和儿童法的影响”国际家庭法会议。与会期间,我有幸在斯特拉斯堡最大的一家书店里找到了一本《法国家庭法概要》(第 16 版)。全书言简意赅,是法国法学院的本科生和硕士研究生学习家庭法的基本书目之一,而且此书包括了 2017 年法国家庭法的重大立法变革——引入了非诉的合意离婚制度。除了民法上的一些制度安排,这本书同时也对家庭法中涉及的民事诉讼法、公共卫生法、社会行动和家庭法中的相关制度做了介绍,逻辑清晰,论述简洁,恰是我们了解学习法国家庭法难得的一本入门级的小书。

回国后,诸事繁杂,一直未能提笔翻译。直到 2018 年 5 月 26 日,我来到了美丽的英属哥伦比亚大学,参加了由重庆市教委组织、加拿大英属哥伦比亚大学主办的为期三个月的“重庆市教委双语教师境外师资培训项目”。我们的课程学习紧张又快乐,似乎让我回到了大学珍贵的青葱岁月。我利用空下来的一些闲暇时光,钻进科尔纳图书馆(Koerner library),开始翻译这本书。

法语是我的第二外语。看着那些和英语颇有渊源的字符,表达着相似或不同的含义,我再一次体会了翻译的艰辛。单词和句子的困难暂且不论,值得一提的是,尽管各国家庭法上有一些共同或相近的概念和问题,比如儿童利益、离婚后的子女抚养等,但法国法上的有些术语与英国法上的类似术语的意思完全不同。比如,法国法上的普通法(droit commun)就与英国法上的普通法完全不同。在法国法上,普通法是指与特别法相对的,适用于该法域内所有人的法。此外,法国法上也有和英国法中法律英语一样的法律专有名词和短语。如何准确地翻译这些专有名词颇费周折。比如“la clause de prélèvement”这个术语。查阅法语字典时,“prélèvement”在法律语境中是指(分配前)先取的财产。有意思的是,在本书该术语出现的前后,很快又出现了另一个术语“la clause de préciput”,字典上的解释是“先取权”。这二者到底有何区别呢?于是,我又在网上查找资料,参考不同的解释及译本,最后发现,先取权条款(la clause de préciput)是指在结婚协议中规定，一方配偶死亡时，部分或全部共同财产归生存配偶所有。在规定了先取权的情况下，一方死亡时，先取权涉及的财产部分不再属于死亡配偶的遗产。相关条款参见《法国民法典》第 1515～1519 条。而"la clause de prélèvement"则被规定在《法国民法典》第 1511 条，主要是指在某些情形中，比如涉及补偿金时，生存配偶可以从共同财产中预先扣减部分份额。因此我将后者译为"扣减条款"，以便与先取权条款相区别。这种比较、推敲在整个翻译过程中反复出现，困难程度可想而知。但推敲的目的只有一个，希望尽可能地传达出法语在法律语境中的语义。

翻译完成后，我已返渝。在与法律出版社编辑陈妮老师商量出版细节时，陈妮老师非常认同这本书的价值。此外，为了反映法国法的最新进展，陈妮老师提出，要翻译这本书的最新版本。我在拿到最新的版本后，根据新版本中修订的部分内容，对全书做了再一次的修订、校对工作，最终得以完成。因此，就有了我们现在看到的《法国家庭法精要》（第 17 版）。

这本译著得以顺利完成出版，要感谢西南政法大学民商法学院院长赵万一教授对青年教师的关心和帮助，感谢我的导师陈苇教授长期以来对我的提携和帮助。感谢罗结珍教授、张民安教授、李世刚副教授等学者的帮助。要感谢为本书的顺利出版付出辛苦的法律出版社法治与经济分社沈小英社长、陈妮编辑,以及其他在幕后辛苦付出的编辑老师们。要感谢我的父母。母亲身体不好,在我出国期间,在重庆市中医院做了一个小手术,全由父亲一人照顾,手术做完后,我才知道此事。身在异国,不能守在母亲身边照顾母亲,心中十分愧疚。也要感谢我的妻子、女儿,以及岳父、岳母。由于工作的安排,不能照顾到女儿的生活和学习,不能照顾妻子及岳父、岳母,真诚地感谢我的家人们。这让我坚定地认为,更应该在学术道路上勤勉、自强,希望以此回报我的家人。

翻译讲究“信、达、雅”。希望这本书也能尽可能向这些标准靠近。当然,由于个人学识有限,翻译中难免会有疏漏,如有不当之处,敬请方家不吝赐教。

石　雷

二〇一九年一月四日

图书在版编目(CIP)数据

法国家庭法精要：第17版／(法)科琳·雷诺-布拉尹思吉著；石雷译. -- 北京：法律出版社，2019
(民商法经典文库／赵万一主编)
ISBN 978-7-5197-3461-9

Ⅰ. ①法… Ⅱ. ①科… ②石… Ⅲ. ①婚姻法-研究-法国 Ⅳ. ①D956.539

中国版本图书馆CIP数据核字(2019)第085261号

法国家庭法精要(第17版)
FAGUO JIATINGFA JINGYAO
(DI 17 BAN)

[法]科琳·雷诺-布拉尹思吉 著
石 雷 译

策划编辑 沈小英
责任编辑 陈 妮
装帧设计 马 帅

出版 法律出版社
总发行 中国法律图书有限公司
经销 新华书店
印刷 中煤(北京)印务有限公司
责任校对 郭艳萍
责任印制 吕亚莉

编辑统筹 法治与经济出版分社
开本 A5
印张 7.25
字数 110千
版本 2019年8月第1版
印次 2019年8月第1次印刷

法律出版社/北京市丰台区莲花池西里7号(100073)
网址/www. lawpress. com. cn
投稿邮箱/info@ lawpress. com. cn
举报维权邮箱/jbwq@ lawpress. com. cn
销售热线/400-660-8393
咨询电话/010-63939796

中国法律图书有限公司/北京市丰台区莲花池西里7号(100073)
全国各地中法图分、子公司销售电话：
统一销售客服/400-660-8393/6393
第一法律书店/010-83938432/8433 西安分公司/029-85330678 重庆分公司/023-67453036
上海分公司/021-62071639/1636 深圳分公司/0755-83072995

书号：ISBN 978-7-5197-3461-9 **定价**：66.00元
(如有缺页或倒装，中国法律图书有限公司负责退换)